Manolo Link

Liebe endet nie

Für Jean

Liebe endet nie

Marie fragte nicht mehr, wollte keine Fragen mehr an sich und andere stellen. Warum alles so gekommen war, konnte ihr ohnehin niemand erklären. Sie wollte einfach nur noch leben. Leben und wieder glücklich sein. Zu viele Jahre glaubte sie, verloren zu haben. Sie waren nicht mehr zu ändern, würden nicht mehr zurückkehren. Wie viele Tränen hatte sie vergossen, dem Kerl nachgetrauert? Ja, sie hatte ihn geliebt, sie hatte ihn über alles geliebt. Doch was hatte ihr all die Liebe letztendlich gebracht? Tränen, nichts als Tränen, Trauer und Depression. Was macht die Liebe für einen Sinn, wenn sie mit Trauer und Schmerzen endet?

Marie, dunkelblond, eine natürliche Schönheit mit blaugrünen Augen, halblangen Haaren, von mittlerer Größe, konnte sich noch genau an den Tag erinnern. Es war nicht Liebe auf den ersten Blick. Es war auch nicht das Wow-Erlebnis. Sie hatten sich zum ersten Mal bei einer Party mit ihren Freunden und Kollegen gesehen. Marc, braune Augen, braunes Haar, war etwas größer als sie und hatte eine kräftige Figur. Er war der jüngere Bruder ihrer Freundin Lea. Und hatte eine beschwingte Art, mit einem stetigen Lächeln auf dem Gesicht. Der Typ Mann, den alle mochten. Ein angenehmer Gesprächspartner war er obendrein. Lea hatte ihr Marc vorgestellt. Sie hatten sich in die Augen geschaut. Das reichte offenbar. Marie hatte etwas dabei empfunden, war ihr heute bewusst. Was es war, wusste sie nicht in Worte zu fassen. Na ja, es war halt ein Gefühl.

Schnellen Schrittes ging sie an den Wohnhäusern vorbei in den Park. Seit sie wieder Arbeit hatte, brauchte sie einen Ausgleich. Weil Marie sich gerne in der Natur bewegte und Grün ihre Lieblingsfarbe war, verbrachte sie viel Zeit im nahe gelegenen Park. Obwohl er nicht groß war, wunderte sie sich, dass sie sich manchmal mehr als eine Stunde dort aufhielt. Sie liebte den alten Baumbestand. Im Besonderen die beiden Ahornblättrigen Platanen am Eingang hinter dem schwarzen Eisentor, die vermutlich ein Alter von einigen hundert Jahren aufwiesen. Obwohl sie keinerlei Gedanken mehr an Marc verschwenden wollte, traten diese häufig unerwartet auf. Wie Blitze schossen sie durch ihren Kopf. Ihr erster Kuss. Die erste Nacht im Hotelbett. Sie wollte diese Gedanken nicht. Ebenso wenig wie die Gefühle, die sie heute noch in ihr auslösten. Es war eine bezaubernde Nacht. Nie zuvor hatte sie mit einem Mann solche tiefen Gefühle erlebt. Marc war es nicht anders ergangen, wie er ihr versichert hatte. Spielerisch hatten sie sich geliebt. Freude dabei empfunden und gelacht.

Sie zog ihren Mantel enger und schlug den Schal nochmals um den Hals. Leichter Schneefall hatte eingesetzt. In fünf Tagen war Weihnachten. Wenn sie nur daran dachte, kamen ihr die Tränen. Ihre Mutter hatte ebenfalls unter ihrer Trennung von Marc gelitten. Zugeben wollte sie es bis zum heutigen Tag nicht. Marie hatte genug von den Vorwürfen ihrer Mutter, die ihr die Schuld an der Trennung gab. Wieso auch hatte sie Marc allein mit seinen Freunden nach Mallorca reisen lassen. Verbieten hätte sie es ihm sollen. Wie verrückt kann eine Frau auch nur sein. Männern kann man einfach nicht vertrauen, hatte sie immer wieder gemahnt. Wenn die eine Gelegenheit finden ...

Marie hatte ihre Mutter unterbrochen und untersagt, so mit ihr zu reden. Irgendwann hatte es gefruchtet. Als sie ihr gedroht hatte, den Kontakt zu ihr und ihrem Vater abzubrechen. Hin und wieder musste ihre Mutter jedoch sticheln. Sie konnte einfach nicht den Mund halten. Ihr Vater hielt sich heraus. Er wollte keinen Ärger mit seiner Frau, die sich sowieso nichts sagen ließ.

Wie kann man nur Depressionen haben, was ist das überhaupt, hatte ihre Mutter sie während der schlimmsten Zeit ihres Lebens genervt. Sie wollte einfach nicht wahrhaben, dass es ihrer Tochter schlecht ging. Sie war ja eine herzensgute Mutter. Doch wirklich verstehen wollte oder konnte sie ihre Tochter nicht. Das machte die ganze Situation noch unerträglicher. Nachdem sie mit einem Krankenwagen ins Hospital gebracht worden war, wurde ihrer Mutter bewusst, dass es etwas Ernstes sein musste. Marie hatte ihr nicht die ganze Wahrheit gesagt. Sie hatte ihr nicht anvertraut, dass sich bei den vielen Gläsern Wodka an jenem Abend auch noch etliche Tabletten befanden. Sie würde es ihr bis ans Lebensende nicht sagen. Der Alkohol war, bei 3,4 Promille im Blut, nicht zu leugnen gewesen.

Marie fühlte nun die Kälte und machte sich schleunigst auf den Nachhauseweg. Glücklicherweise hatte sie eine kleine, gemütliche Zweizimmerwohnung in einem angenehmen Wohnblock gefunden. Diese war zudem recht günstig. Marie hatte sich behaglich und farbenfroh eingerichtet. Es störte sie zwar, dass sich ihre Wohneinheit unweit einer viel befahrenen Straße befand, doch durch die Doppelverglasung wurde sie von dem Lärm weitestgehend verschont. In unmittelbarer Nähe gab es einen Supermarkt und eine Bushaltestelle, die in wenigen Minuten zu erreichen waren. Der Nachbarort Horrem war mit einem Bahnhof ausgestattet, von dem aus Köln in zwanzig Minuten zu erreichen war. Von Köln aus war sie, wenn sie wollte, in der Lage, mit dem Zug nach Paris, Madrid oder sogar über Russland mit dem Transsibirien-Express nach China zu fahren.

Zu Hause setzte sie Wasser auf und entnahm ihrem Teesortiment einen Beutel mit Ginger-Tee. Der würde sie aufwärmen. Seit ihrem Selbstmordversuch hatte sie keinen Alkohol mehr angerührt. Ängste stiegen in ihr auf, wenn sie nur daran dachte. Schon der Geruch von Alkohol löste bei ihr Panik aus. Marie schaltete den Fernseher ein, legte sich auf die Couch, nahm ihre flauschige Decke und zog sie bis zum Hals. Der heiße, aromatische Tee löste das letzte Unwohlsein in ihr auf. Marie zappte von Programm zu Programm, was sie normalerweise nicht mochte. Nichts, was sie interessierte. Mittlerweile wurden den Fernsehkonsumenten zwar mehrere hundert Programme angeboten, doch wirklich gute Filme befanden sich selten darunter. Meistens wurden Serien gezeigt, die sie nicht interessierten. Weil sie nichts Besseres fand, schaute sie sich den Tatort aus Hamburg an. Zehn Millionen Menschen oder mehr sehen sich so was an, dachte sie, als ein Mann auf brutalste Weise ermordet wurde, und drückte auf die Taste, die sie zu WDR 3 und einem Naturprogramm führte. Furchtbar, wie können sich nur über zehn Millionen Menschen an einem Sonntagabend mit Mord und Totschlag beschäftigen? Es gibt doch bei Weitem Schöneres, mit dem sich Menschen abends unterhalten können. Paare könnten ins Bett gehen und sich lieben. Bei dem Gedanken wurden wieder Bilder von Marc und ihrem Liebesspiel in ihr wach. Immer diese blöden Gedanken.

Sie schaltete den Fernseher aus und nahm sich ihr neues Buch, in dem sie erst einige Seiten gelesen hatte. *Der Weg zum wahren Glück* war der Titel. Das Buch hatte in Frechen im Buchladen auf einem Tisch gelegen, als wenn es auf sie gewartet hätte. Seit sie sich besser fühlte und auf der Arbeit alles im Reinen war, hatte sie den Entschluss gefasst, herauszufinden, wie sie wieder glücklich leben konnte. Marie wollte mehr über sich erfahren und erkunden, wie weit sie Einfluss auf ihr Lebensglück hatte. Sie beabsichtigte, ihr Glück nicht mehr von irgendeinem Kerl abhängig zu machen. Wie konnte sie nur so blöd sein und ihr Lebensglück von einem anderen abhängig machen, dachte sie. Als Teenager hatte sie ihren Freundinnen gesagt, dass sie einen Mann haben wolle, der sie auf Händen trägt. Ihre Freundinnen hatten sie daraufhin geneckt und ihr zur Vorsicht geraten. Wenn der Mann seine Hände irgendwann einmal wegziehen sollte, könnte sie hart am Boden aufschlagen. Heute wäre es Marie lieber gewesen, wenn sie wüsste, wie sie sich selbst auf Händen tragen könnte.

Du bist das Glück, las sie in dem Buch. *Alles Glück dieser Welt liegt in deinem Herzen.* Einfach gesagt, dachte Marie. *Du brauchst dich nur selbst zu lieben, dann liebt dich dein Leben.* Ja, logisch, nur wie stelle ich das an, mich selbst zu lieben, fragte sie sich. *Du bist es wert, geliebt zu werden und glücklich zu sein.* Maries Augen füllten sich mit Tränen. Sie schlug das Buch zu, trottete ins Bad, duschte sich, putzte ihre Zähne, zog ihren Pyjama an und ging ins Bett. Trotz ihrer Müdigkeit konnte sie lange nicht einschlafen. Das waren ihre schwersten Stunden. Dann quälten sie Gedanken, die sie wegwischen wollte, aber nicht konnte. Nachdem sie eine Schlaftablette genommen hatte, was sie sonst möglichst vermied, schlief sie irgendwann ein.

Obwohl sie einige Stunden geschlafen hatte, fühlte sie sich nach dem Aufwachen wie gerädert. Marie hatte sich ein paar Tage Urlaub genommen, zumal die Weihnachtstage in diesem Jahr auf Donnerstag und Freitag fielen. Sie nahm ihr Buch und las einige Seiten. Wenn sie nicht arbeiten musste, blieb sie nach dem Aufwachen im Bett und las in ihrem Buch, das sie mehr und mehr zu schätzen wusste. Auf eine gewisse Weise vermittelten ihr die Worte Vertrauen für den Tag. Nachdem sie einige Seiten gelesen hatte, erhob sie sich und setzte Kaffeewasser auf. Aus dem Schrank nahm sie Brot, Butter und den ausgezeichneten Honig, den sie auf dem Markt in Frechen gekauft hatte. Sie liebte Honig umso mehr, seitdem sie wusste, dass er allerlei Gutes für den menschlichen Körper beinhaltet und zudem ein natürliches Antibiotikum ist. Seit sie ihre Depression überwunden hatte, freute sie sich über die kleinen Dinge des Lebens. Über die Blumen im Park, die stattlichen alten Bäume, die Vögel, über die Sonne und ein »Guten Morgen« von einem freundlichen Menschen.

Sie zog sich an, nahm ihre Einkaufstasche, begab sich zum Aufzug und fuhr in den Parkkeller. Marie mochte die Eisentüren genauso wenig wie die frostige Atmosphäre im Keller. Schnellen Schrittes lief sie zu ihrem Wagen, schloss die Tür auf, stieg ein und startete ihr Auto. Ihr Kleinwagen, den sie zwei Jahre zuvor gekauft hatte, kam langsam auf Touren. Er hatte zwar die besten Jahre schon hinter sich, doch verbrauchte er wenig Benzin und war zuverlässig. Während sie auf die Ausfahrt zufuhr, drückte sie auf die Fernbedienung. Sogleich leuchtete neben dem Tor, das sich langsam öffnete, ein rotes Licht auf. Sie fuhr hinaus auf die Straße. Es nieselte und hätte ungemütlicher nicht sein können. Marie fuhr nach Frechen, weil sie auf dem Markt frische Eier, Fisch, Gemüse, Käse und andere Dinge des täglichen Gebrauchs einkaufen wollte. In den Supermarkt musste sie ebenfalls.

Wie immer war viel Verkehr auf der Bundesstraße von Türnich nach Frechen. Das Autofahren war ihr schon lange zuwider. Alles musste immer schneller gehen. Niemand schien mehr Zeit für die schönen Dinge des Lebens zu haben. Vor Weihnachten und während der Festtage beklagten sich die meisten über Stress. Doch jedes Jahr vollzogen die Menschen die gleichen Handlungen. Marie fuhr in Frechen über den Freiheitsring, bog rechts im Kreisverkehr ab und fuhr ins Parkhaus des Supermarktes. Dann spazierte sie über die Hasenweide, wo ihre Großeltern viele Jahre gewohnt hatten, zum Markt, der sich auf dem Rathausplatz befand. Sie liebte den Markt, auf dem frische und qualitativ hochwertige Produkte angeboten wurden. Bewusst ging sie an der Reibekuchenbude vorbei, weil sie den Geruch liebte, der sie an glückliche Kindheitstage erinnerte. Selten kaufte sie Reibekuchen. Warum, wusste sie nicht.

Nachdem sie auf dem Markt alles eingekauft hatte, was auf ihrem Einkaufszettel stand, ging sie zurück zum Supermarkt, stellte ihren Einkaufskorb in den Kofferraum ihres Wagens und fuhr mit der Rolltreppe hoch in den riesigen Verkaufsraum. Sie wollte sich nicht lange aufhalten, weil sich viele Menschen im Supermarkt befanden. So fand sie sich schnell an einer Kasse wieder, an der nur vereinzelte Kunden warteten, und legte die wenigen Sachen, die sie eingekauft hatte, auf das Band. Sie erschrak beim Anblick eines Mannes, der im Begriff war, seinen Einkauf mit einer Kreditkarte zu begleichen. Nichts wie weg hier, war ihr erster Gedanke. Im gleichen Augenblick, in dem sie zu einer anderen Kasse gehen wollte, trafen sich ihre Blicke. Ihr Herzschlag setzte für einen Moment aus. Alles lief wie in Zeitlupe ab. Es war Marc, der ihr verlegen zuwinkte. Sie nickte kurz und spürte ihren Pulsschlag bis zum Hals.

»Gehen Sie gefälligst weiter«, hörte sie eine erboste Frauenstimme hinter sich und spürte gleichzeitig einen Einkaufswagen in ihrem Rücken.

Sie schüttelte den Kopf, entschuldigte sich und ging weiter, bis sie vor der Kassiererin stand.

»Guten Tag, das macht 35,87, bitte.«

Sie nahm ihre Geldbörse, gab der jungen Frau einen Fünfzigeuroschein und sah zu ihrem Entsetzen, dass Marc am Ausgang auf sie wartete. Geh endlich weiter, dachte sie. Ich will nichts mehr mit dir zu tun haben.

»Danke, Ihr Wechselgeld und der Kassenbon«, vernahm sie wie aus weiter Ferne. Sie steckte das Geld und den Bon in ihre Geldbörse und legte die Ware in ihren Korb. Aufgeregt ging sie auf Marc zu. Seit ihrer Scheidung hatten sie sich nicht mehr gesehen, und das lag schon über drei Jahre zurück. Marie kamen Bilder von ihrer ersten Begegnung in den Sinn.

»Hallo, Marie.«

»Hallo, Marc.«

Sie sahen sich eine Weile an. Marc schien nach Worten zu suchen.

»Wie geht es dir, Marie?«

»Ganz gut.«

»Und dir?«

»Auch ganz gut. Mal rauf, mal runter, du weißt schon. Und – wie geht es deinen Eltern?«

»Wie immer, im Klagen sind sie gut. Und was machen deine Eltern?«

»Auch wie immer. Alltag halt.«

»Hast du ein wenig Zeit auf einen Kaffee?«

Marie zögerte einen Moment.

»Ich wollte gleich nach dem Einkauf nach Hause fahren. Ehm – na ja, in Ordnung. Dort drüben bei der Bäckerei ist ein Café.«

»Das freut mich.«

Marc traten Schweißperlen auf die Stirn. Die Trennung hatte ihm arg zugesetzt. Er hatte Marie geliebt. Im Urlaub mit seinen Freunden ist es einfach so passiert. Zu viel Alkohol, die Urlaubsbekanntschaft und er sind irgendwie im Bett gelandet. Das war alles nicht geplant. Das konnte und wollte er auch nicht planen. Es war keine Absicht gewesen, hatte er Marie immer wieder beteuert. Doch sie fühlte sich tief verletzt. Es kam zur Scheidung. Einem Mann, der sie einmal betrogen hatte, konnte sie nicht mehr vertrauen und ihn lieben, waren ihre Worte.

Marie fühlte sich unwohl in ihrer Haut, als sie sich an einen Ecktisch begaben und Marc ihr gegenüber Platz nahm. Er schaute sie verlegen an. Sein Lächeln wirkte verkrampft. Sie konnte seinem Blick nicht standhalten und kramte unbewusst in ihrer Tasche.

»Suchst du etwas, Marie?«

»Ja, ehm – nein, nicht wirklich. Was hast du gesagt?«

»Es war nicht so wichtig. Lange ist es her, seitdem wir uns das letzte Mal gesehen haben.«

»Ja, mehr als drei Jahre.«

Die Kellnerin erschien: »Was darf ich Ihnen bringen?«

»Einen Cappuccino bitte«, bestellte Marie.

»Für mich bitte einen doppelten Espresso.«

»Darf es sonst noch etwas sein?«

»Danke, das wär‘s«, antwortete Marc. »Entschuldigung, Marie. Oder wolltest du noch etwas bestellen?«

»Nein, danke.«

»Und, Marie, wie ist es bei dir so gelaufen in der letzten Zeit?«

Marie sah ihn an und schwieg. Wie soll es mir wohl nach unserer Trennung ergangen sein, dachte sie. Sprach es aber nicht aus.

»Es war eine schwierige Zeit, wie sich jeder vorstellen kann.«

»Für mich war es ebenfalls eine schwere Zeit, kannst du mir glauben.«

Der Kaffee kam. Sie schwiegen wieder. Marie schaute aus dem Fenster, nippte an ihrem Cappuccino. Am liebsten wäre sie aufgestanden und gegangen. Sie wollte nicht wahrhaben, dass sie noch immer etwas für Marc empfand.

»Dort drüben ist deine Mutter geboren«, sagte Marc und wandte seinen Kopf in Richtung Dr.-Tusch-Straße, wo früher das Krankenhaus war. Die Straße war nach dem Chefarzt benannt, der lange dort gewirkt und seine Spuren hinterlassen hatte. Jeder in Frechen kannte ihn.

»Ja, ich gehe immer wieder gerne dort vorbei und denke bewusst daran, dass ihr Leben an diesem Ort begann.«

Marc wurde traurig. Auch in ihm waren noch Gefühle für Marie. Er hatte sie aufrichtig geliebt. Die Affäre hatte er sofort bereut, als er am Morgen danach, mit heftigen Kopfschmerzen vom vielen Alkohol, die Augen geöffnet hatte und eine Frau neben ihm im Bett lag. Er war schockiert, hatte sie aufgeweckt und gebeten, sein Hotelzimmer zu verlassen. Sie hatte ihn mit ungläubigen Augen angesehen, protestiert, sich angezogen und das Zimmer kopfschüttelnd verlassen.

»Du, Marie, ich – ehm, ich weiß nicht, wie ich es dir sagen soll. Es tut mir noch immer unsäglich leid, was damals passiert ist. Wenn ich es rückgängig machen könnte, würde ich es auf der Stelle tun.«

»Schon gut, Marc. Ich bin darüber hinweggekommen. Es hat zwar lange gedauert, doch heute geht es mir einigermaßen gut. Ich will auch nichts mehr davon hören.«

»Das verstehe ich. Entschuldigung.«

Marc hatte seit einem Jahr eine neue Beziehung. Er hatte ernsthaft versucht, Conni zu lieben, was ihm nicht gelingen wollte. Liebe kann man nicht erzwingen, hatte ihm sein Freund gesagt.

»Ich möchte jetzt gehen, Marc. Tut mir leid.« Marie trank ihren Cappuccino aus, legte zwei Euro auf den Tisch und stand auf. Marc stand ebenfalls auf und wusste nicht, was er sagen sollte.

»Frohe Weihnachten, Marie. Auch an deine Familie.«

»Ja, dir und deiner Familie ebenfalls frohe Weihnachten.«

»Danke, alles Gute.«

»Dir auch, Marc.«

Ein letzter Blick. Marc sah ihr lange nach. Marie konnte ihre Tränen nicht mehr zurückhalten, als sie die Wagentür öffnete und sich ins Auto setzte. Sie schloss die Tür und hielt sich die Hände vors Gesicht. Liebend gerne hätte sie die Begegnung vermieden. Sie wusste, dass er immer noch in Bachem wohnte, das unmittelbar an Frechen grenzte. Doch hatte sie ihn seltsamerweise nach der Trennung bis zu diesem Tag nicht mehr gesehen. Nachdem sie sich etwas beruhigt hatte, putzte sich Marie die Nase und trocknete ihre Tränen. Dann atmete sie tief ein und aus und startete den Motor. Langsam fuhr sie aus der Tiefgarage. Sie war müde.

Als sie zu Hause ankam, räumte sie die Lebensmittel in den Schrank, legte sich anschließend aufs Sofa, schaltete den Fernseher ein und schlief bald ein. Am späten Nachmittag wurde sie wach, schaute sich in ihrer Wohnung um und wusste im ersten Moment nicht, wo sie sich befand. Sie hatte von ihrem gemeinsamen Haus geträumt. Wie sie mit Marc im Garten saß, sie beide Kaffee tranken und von ihrer Mutter gebackenen Kuchen aßen. Marie schüttelte den Kopf, als wenn sie ihre Gedanken und Gefühle dadurch abstreifen könnte. Im gleichen Moment dachte sie an Wodka. Nein, schrie es in ihr auf.

Ich werde nicht rückfällig, nur weil ich Marc heute begegnet bin. Sie stand auf, zog sich warme Kleidung an und ging in den Park. Auf eigentümliche Weise tröstete sie ein Spaziergang im Park. Manchmal war es ihr, als wenn die Bäume ihr Trost spendeten. Sie liebte sie dafür. In solchen Momenten fühlte sie eine gewisse

Beziehung zu den Bäumen. Nahmen Bäume nicht Schadstoffe auf und wandelten sie in Sauerstoff um, fragte sie sich. Sie hatte gelesen, dass der Amazonas mit seinem riesigen Baumbestand das Weltklima entscheidend beeinflusst. Und wenn die Menschen diesem Naturreservoir noch mehr Schaden zufügen, würde sich das gravierend auf das Weltklima auswirken.

Marie blieb lange im Park, bis es dunkel wurde. Beim Blick auf das Schloss stiegen Erinnerungen an den letzten Sommer in ihr auf. Sie liebte es, im Schlosscafé zu sitzen und das ausgezeichnete Essen zu genießen. Alles stammte aus biologischem Anbau. Die Kuchen sowie die hausgemachten Limonaden waren allesamt ein Genuss. Und die freundlichen Menschen, die ihr das servierten, sorgten dafür, dass sie ihren Aufenthalt an diesem idyllischen Ort so lange wie möglich hinauszog. Was ihr am Leben in Türnich nicht gefiel, waren die Militärflugzeuge, die im Landeanflug auf den NATO-Flughafen Nörvenich unerträglichen Lärm verursachten.

Zu Hause war es warm. Sie machte sich eine Tasse Tee, nahm ihr Buch und las. Las den Satz, den sie schon oft gelesen hatte. *Die Lösung für was auch immer ist Liebe.* Dieser Satz beschäftigte sie. Die Worte berührten ihr Herz. Marie stimmte ihnen gefühlsmäßig zu. *Liebe für sich selbst ist der Weg zum Glück.* Sich selbst lieb haben, fragte sie sich. In ihrer Familie hatte nie jemand ein Wort darüber verloren. Ihre Eltern hatten nie gelernt, Liebe zu zeigen. Das wusste sie heute und es war in Ordnung für sie. Marie hätte gerne eigene Kinder gehabt, denen sie ihre Liebe hätte geben können. Ein Arzt hatte ihr vor Jahren gesagt, dass dies nicht möglich sei. Sie hatte es akzeptiert, zumal Marc seine Freizeit und zahlreichen Hobbys über alles liebte. Er hätte ohnehin keine Zeit für Kinder gehabt, hatte er sie getröstet.

Heute dachte sie anders darüber. Sie wäre nun gerne Mutter. Ihre Schwester Helen hatte drei entzückende Kinder. Zwei Mädchen und einen Sohn. Marie legte sich auch an diesem Tage früh ins Bett, nahm aber keine Schlaftablette. Auf eine gewisse Weise war sie jetzt ein wenig froh darüber, Marc begegnet zu sein, selbst wenn er unerwartete Gefühle in ihr ausgelöst hatte. Seit ihrer Trennung hatte sie sich vor dem Wiedersehen gefürchtet. Das Letzte, was sie vor ihrem inneren Auge sah, bevor sie einschlief, war Marc.

Unerwartet hatte sie in der vergangenen Nacht gut geschlafen. Nach fünfzehn Minuten Lesen stand sie auf und bereitete ihr Frühstück zu. Seit sie ihre Augen geöffnet hatte, war Marc in ihren Gedanken. Sie bekam ihn nicht aus dem Kopf. Und, was noch schlimmer war, nicht aus ihrem Herzen.

Am heutigen Tag hatte sie keine Besorgungen zu machen. Nichts zu erledigen. Ein freier Tag lag vor ihr. Sie nahm ihr Handy und rief ihre Schwester an.

»Hallo, Marie«, meldete sich Helen.

»Hallo, Helen.«

»Marie, schön, dass du anrufst. Ich wollte dich auch gerade anrufen. Wie geht es dir?«

»Mir geht es so weit gut.«

»Aber?«, fragte Helen. »Ich habe in deiner Antwort ein *aber* herausgehört.«

»Es gibt wahrhaftig niemand, der mich so gut kennt wie du, meine liebe Schwester.«

»Na sag schon, was los ist.«

»Gestern habe ich Marc in Frechen getroffen.«

»Oh! Und wie war es für dich?«

»Er stand an der Kasse im Supermarkt vor mir. Mein erster Gedanke war, nichts wie weg hier. Im gleichen Moment trafen sich unsere Blicke.«

»Hört sich spannend an.«

»Das war auch spannend. Während ich bezahlte, bemerkte ich, dass er am Ausgang auf mich wartete. Mir wäre es lieber gewesen, wenn er nicht gewartet hätte. So kamen wir ins Gespräch und haben anschließend einen Kaffee miteinander getrunken.«

»Und, erzähl schon, was hat er gesagt?«

»Sei nicht so ungeduldig. Er hat gefragt, wie es mir geht.«

»Das kann ich mir gut vorstellen. Hat er auch was über seine neue Freundin gesagt? Oh, entschuldige, Marie. Wusstest du überhaupt, dass er seit einem Jahr eine neue hat?«

Marie fühlte einen Stich im Herzen. »Nein, aber jetzt weiß ich es.«

»Tut mir wirklich leid. Doch irgendwann hättest du es ohnehin erfahren.«

»Ja, sicher, hätte ich irgendwann. Ist schon in Ordnung. Wie geht es den Kindern und Hans?«

»Hans hat heute seine letzte Schicht. Danach freut er sich auf die freie Woche. Den Kindern geht es gut. Nur Evas Schnupfen hält sich hartnäckig.«

»Marie, was ich dir noch sagen wollte«, eine Pause entstand. Maries Herz schlug schneller. »Ich hab dich lieb.« Das hatte sie ihr noch nie gesagt.

»Ich hab dich auch lieb, Helen, und schätze mich glücklich, eine so wundervolle Schwester wie dich zu haben. Bis später. In einer Stunde werde ich bei euch sein.«

»Ich freue mich, die Kinder ebenso. Bis dann.«

»Ich freue mich auch. Bis später.«

Ich hab dich lieb, klangen die Worte der Schwester in ihrem Ohr nach. Marie kamen die Tränen. Was Worte doch in einem auslösen können. Sie fühlte die Liebe ihrer Schwester und freute sich nun umso mehr, sie und die Kinder zu sehen.

Marie ging ins Bad, wischte sich die Tränen ab und erneuerte ihr Make-up. Dann zog sie den warmen Mantel an, lief schnellen Schrittes durch den frostigen Parkkeller, öffnete die Wagentür und hatte es eilig, zu ihrer Schwester zu kommen. Helen wohnte in Erftstadt, das sich lediglich einige Kilometer von ihrer Wohnung befand. Da nicht viel Verkehr auf den Straßen war, parkte sie schon bald vor dem kleinen Haus ihrer Schwester.

Eva öffnete die Tür und winkte Marie aufgeregt mit einer Puppe in der Hand zu. »Hallo, Eva. Das ist ja eine schöne Begrüßung.«

»Marie! Marie! Schau mal, was ich von Papa bekommen habe.«

»Deine Puppe ist wunderschön. Aber morgen ist doch erst Heiligabend«, ergänzte Marie, als sie die Treppe hochgestiegen war und Evas Hand nahm. Im gleichen Augenblick erschien Helen.

»Marie! Schön, dass du schon da bist. Komm rein. Und du auch, Eva. In deinem Kleidchen ist es viel zu kalt hier draußen.«

Marie schloss die Tür hinter sich und umarmte Helen herzlich. Dann zog sie ihren Mantel aus und hängte ihn an die Garderobe. Wie meistens im Winter ließ sie den Schal um ihren Hals. Sie liebte es so. Evas Geschwister Carla und David stritten wegen irgendetwas, bis sie Marie entdeckten und auf sie zuliefen. Diese nahm beide in die Arme und drückte ihnen einen Kuss auf die Wangen.

»Hallo, ihr Lieben, weshalb habt ihr gestritten?«

»David hat mein Puzzle durcheinandergemacht«, beschwerte sich Carla.

»Stimmt gar nicht«, protestierte David.

»Seid lieb und zankt euch nicht. Eure Mutter braucht ein wenig Ruhe. Besonders, wenn sie für Weihnachten alles vorbereiten muss. Das ist viel Arbeit.«

»Oooch! Immer viel Arbeit«, beschwerte sich David. »Erwachsene haben immer viel Arbeit und keine Zeit für Kinder.«

»Arbeit ist nun mal wichtig, Kinder«, rief Helen aus der Küche. »Wenn ihr fertig mit Spielen seid, dann räumt eure Sachen bitte wieder in den Korb.«

Marie ging schmunzelnd in die Küche. »Kann ich dir helfen, Helen?«

»Gerne, wenn du so lieb bist und schon mal die Kartoffeln schälst.«

»Mache ich gerne für meine Schwester.«

»Danke, du bist ein Schatz.«

Marie nahm sich den Kartoffelschäler.

»Das war ja eine unerwartete vorweihnachtliche Bescherung, die Begegnung mit Marc.«

»Ja, das war es, kannst du mir glauben. Zumal ich Marc seit unserer Scheidung nicht mehr gesehen habe. Ich habe mir oft unsere erste Begegnung nach der Trennung vorgestellt. Wie und wo es sein würde. Herbeigesehnt habe ich sie nicht.«

»Das kann ich mir vorstellen, Marie. Entschuldige bitte meine voreilige Aussage am Telefon. Ich glaubte, du wüsstest, dass er eine Neue hat. So etwas verbreitet sich normalerweise schneller als ein Hurrikan.«

»Ist schon in Ordnung, Helen. Wie ich bereits sagte, ich hätte es irgendwann von jemand anderem erfahren. Ich hätte nur nicht gedacht, dass es mir etwas ausmacht.«

»Ihr habt lange zusammengelebt, hattet eine glückliche Zeit und habt euch wahrhaftig geliebt. Niemand hätte gedacht, dass ihr irgendwann einmal auseinandergehen würdet. Ihr wart das Traumpaar überhaupt. Wie füreinander geschaffen.«

»Ja, das waren wir. Das glaubten wir selbst auch.« Marie strich sich eine Strähne hinters Ohr. »Du kennst ja die Geschichte.«

»Ja, ich kenne sie. Das hätte ich Marc niemals zugetraut.«

»Er sich selbst auch nicht, wie er mir immer und immer wieder beteuert hat. Marc hat sich tausendmal entschuldigt, mir Blumen geschickt und weiß ich was unternommen, um es wiedergutzumachen. Obwohl ich es ernsthaft versucht habe, konnte ich ihm nicht vergeben.«

»Verstehe ich, Marie. Das ist nicht leicht.«

»Ich hätte nur niemals für möglich gehalten, dass weiterhin Gefühle für ihn in mir sind. Irgendwie mag ich ihn noch, obwohl er der Auslöser für meine Depression und mein Trinken war.«

»Du, Marie. Ich glaube, er hat es ehrlich gemeint mit seiner Reue. Ich kann mir auch vorstellen, dass er noch Gefühle für dich hat.«

»Möglich. Ich möchte nicht mehr darüber nachdenken. Doch es gelingt mir einfach nicht. Abends gehe ich mit Gedanken an ihn zu

Bett und wenn ich morgens meine Augen wieder öffne, denke ich als Erstes an ihn.«

Marie nahm eine weitere Kartoffel, schälte sie und legte sie in den großen Topf mit Wasser zu den anderen. »Fertig, Helen, das war die Letzte.«

»Danke, Marie.«

Marc hatte sich verändert. Seit dem Einkauf schien er abwesend. Als wenn er mit seinen Gedanken irgendwo anders wäre. Conni war sich sicher, irgendetwas hatte sich ereignet, von dem sie nichts wusste. Es machte ihr ein wenig Angst. Sie nahm all ihren Mut zusammen und fragte ihn während des Abendessens. »Stimmt etwas nicht, Marc? Du wirkst so nachdenklich, seit du vom Einkaufen zurück bist.«

Marc sah sie an, überlegte kurz, ob er seiner Freundin von Marie erzählen sollte.

»Du musst es mir nicht sagen, wenn du nicht willst. Doch vielleicht ist es besser, wenn es raus ist.«

Schweigen. Marc dachte angestrengt nach, schnitt ein Stück von seinem Steak ab, steckte es in den Mund und kaute langsam. »Ich glaube, du hast recht, Conni. Es ist besser, wenn ich es dir sage. Also – na ja, ich stand im Supermarkt an der Kasse, hatte gerade bezahlt, wollte meine Sachen nehmen, wandte meinen Kopf zur Seite und da sah ich sie. Marie.«

Conni zuckte bei dem Namen zusammen. »Marie?«, fragte sie ungläubig.

»Ja, sie stand einfach da und starrte mich an.«

»Und, wie ging es weiter? Ihr habt ja bestimmt nicht stundenlang herumgestanden und euch gegenseitig angestarrt«, erwiderte Conni aufgebracht. Vor diesem Augenblick hatte sie sich immer gefürchtet. Dass er irgendwann Marie wieder begegnete, war ihr klar. Sie hoffte nur, dass es noch Jahre dauerte.

»Na ja – wir haben uns begrüßt und nach langem Hin und Her beschlossen, einen Kaffee zu trinken.«

»Was! Ihr habt einen Kaffee zusammen getrunken? Das glaube ich einfach nicht. Eure Beziehung ist doch seit über drei Jahren zu Ende.«

»Das hat doch nichts damit zu tun, dass wir uns nicht unterhalten können. Schließlich waren wir über zwanzig Jahre verheiratet.«

»Ja! Ja! Ich weiß, wie lange ihr verheiratet wart.«

»Sei doch nicht so aufgebracht, Conni. Du machst mich nervös.«

»Was heißt hier nervös. DU hast doch mit ihr Kaffee getrunken und gesprochen. Ich doch nicht.«

»Jetzt höre endlich auf damit. Du hast mich doch gebeten, dir zu erzählen, was vorgefallen ist.«

»Ach! Geht das schon wieder los.«

»WAS geht schon wieder los?«

»Na, das Gerede über deine wundervolle Marie. Sie muss ja ein Engel sein. Wie du immer von ihr geschwärmt hast.«

»Du bist schon wieder eifersüchtig.«

»ICH BIN NICHT EIFERSÜCHTIG!«, schrie Conni, sprang auf, warf die Serviette aufs Essen und lief weinend aus dem Zimmer. Marc zog die Augenbrauen hoch, schüttelte den Kopf und aß sein Steak auf. Anschließend goss er sich noch ein Glas Wein ein, ging ins Wohnzimmer und schaltete den Fernseher ein. Er wusste, dass Conni eifersüchtig war, und hätte besser seinen Mund gehalten. Marie kam ihm in den Sinn. Ja, sie war ein Engel und ist es noch immer. Sie hat ein liebevolles Wesen. Genau wie ihre Großmutter, die vor Jahren gestorben war. Conni war ein anderer Mensch. Ebenfalls lieb, doch oft verbittert. Sie regte sich über Kleinigkeiten auf. Wenn im Brot ein Loch war. Oder sie zu lange vor einer roten Ampel warten musste. Im Stau auf der Autobahn schlug sie schon mal auf das Lenkrad ein. Ihr Vater war jähzornig und ihre Mutter hatte schlimme Zeiten in ihrer Ehe erlebt.

Marc schaute auf den Fernseher. Irgendeine Serie wurde gezeigt. Die 657. Folge. Oh Gott, dachte er. Wie kann man sich nur über eine so lange Zeit einen solchen Schwachsinn reinziehen? Er griff zur Fernbedienung und zappte von einem Programm zum nächsten. Nichts, was ihn interessierte. Im Grunde genommen mochte er Fernsehen überhaupt nicht. Er schaute sich nur einen Thriller an, weil Conni mit ihm darüber diskutieren wollte.

Marc stand auf, ging ins Schlafzimmer und setzte sich zu ihr aufs Bett. »Tut mir leid, Conni.«

Sie richtete sich auf, wischte die Tränen ab und sah ihn an.

»Conni, es ist doch nichts passiert. Wir haben nur Kaffee miteinander getrunken und uns unterhalten. Und das hat gerade mal zwanzig Minuten gedauert.«

Conni schluchzte und zog Marc zu sich heran. »Ist schon gut. Lass uns nicht mehr darüber reden.«

»Ja, versprochen.«

Marc gab ihr einen Kuss. »Möchtest du weiter fernsehen? In der Flasche ist noch etwas Wein. Ich habe genug.«

Conni stand auf. Sie gingen ins Wohnzimmer. Marc begab sich anschließend ins Esszimmer, kam kurze Zeit später mit der Weinflasche und Connis Glas zurück, füllte es und reichte es ihr.

»Danke.«

»Gern geschehen.«

Marc setzte sich neben Conni aufs Sofa und legte einen Arm um sie. Sie schmiegte sich an ihn, nahm die Fernbedienung und zappte zu ihrem Lieblingsprogramm. Marc, der wusste, was kam, sagte nichts, um keinen neuen Ärger heraufzubeschwören. Es dauerte nicht lange, bis Marc müde wurde.

»Du, Conni, ich bin müde. Ich gehe ins Bett.«

»Ja, gut. Ich schaue den Film zu Ende, dann komme ich auch.«

»Bis gleich.«

Conni gab Marc einen flüchtigen Kuss.

Marc putzte sich die Zähne, zog seinen Pyjama an, legte sich ins Bett und dachte über den Tag nach. Marie war mehr gegenwärtig, als es ihm lieb war. Bevor Conni ins Bett kam, verfiel er in einen tiefen Schlaf.

Heute ist Heiligabend, waren die ersten Gedanken, die heftigste Gefühle in Marie auslösten. Sie hatte Heiligabend geliebt. Als Kind schon. Doch seit sie von Marc getrennt lebte, fürchtete sie den Tag wie alle anderen Feiertage auch. Sie freute sich jedoch, zu Helen und deren Familie zu fahren. Marie nahm ihr Buch, schlug die Seite auf, in der das Lesezeichen steckte, und las. Las das, was sie schon oft gelesen hatte. *Liebe dich, du bist es wert, geliebt zu werden. Du bist es wert, glücklich zu sein. Du bist ein liebevolles Wesen. Jedes Baby, das geboren wird, ist wahre, reine Liebe. Ausnahmslos jedes Baby.* Wahre, reine Liebe, klang es in Maries Ohr, als sie das Buch zur Seite legte und in ihre warmen Pantoffeln stieg. Sie stand auf, streckte ihre Arme und beugte sich nach vorn. Liebe dich, liebe dich – als wenn das so einfach wäre, sich selbst zu lieben. Wenn du dich selbst liebst, dann liebt dein Leben auch dich, hatte sie gelesen. *Vergib dir selbst, dann ist dein Herz wieder frei für die Liebe.* Helen hatte ihr das Buch nach der Trennung geschenkt. Ihre Schwester war glücklich, obwohl sie viel Arbeit mit den drei Kindern und ihrem Halbtagsjob als Arzthelferin in einer psychiatrischen Praxis hatte.

Marie dachte angestrengt nach, während sie Kaffeewasser aufsetzte. *Vergib dir selbst.* Hatte sie sich selbst noch nicht vergeben, weil sie Marc nicht von seinem Urlaub zurückgehalten hatte? Worte ihrer Mutter kamen ihr in den Sinn. Sie wäre ja selbst schuld, wenn sie ihren eigenen Mann allein verreisen lasse. Ihre Mutter hatte mit diesen Worten Schuldgefühle in ihr ausgelöst. Lange hatte sie darüber gegrübelt. Hatte sie wirklich Schuldgefühle in sich? Sie wollte mit Helen darüber reden.

Nach dem späten Frühstück packte sie die Weihnachtsgeschenke für die Kinder, Helen und Hans in eine riesige Tasche und begab sich zu ihrem Wagen. Mit zweierlei Gefühlen fuhr sie an diesem Heiligabend zu ihrer Lieblingsfamilie, wie sie sie nannte. Sie war zwar traurig, doch freute sie sich auf ihre Lieben. Nach kurzer Fahrzeit parkte sie ihren Wagen vor dem Haus ihrer Schwester. Sie nahm die Tasche mit den Geschenken aus dem Kofferraum. Helen und die Kinder winkten ihr von der Haustür aus zu. Nachdem sie alle gedrückt und geküsst hatte, gingen sie ins warme, behagliche Wohnzimmer. Helen und Hans hatten ein gemütliches Haus. Auffallend viele Herzen waren zu sehen. Als Kerzen, Mobiles an der Decke, im Badezimmer am Duschvorhang, auf den Tee- und Kaffeetassen usw. Der Familie war es anzusehen und auch anzufühlen, dass sie glücklich war.

Die Kinder rannten ins Wohnzimmer zu ihren Spielsachen. Helen nahm Maries Hand und zog sie behutsam in die Küche.

»Helen«, eine kurze Pause entstand. »Danke für deine Worte am Telefon. Sie haben mich zutiefst berührt.«

Helen nahm Marie in die Arme und drückte sie. »Ich bin ja so froh, dass es dir wieder gut geht.«

Marie atmete tief ein. »Ja, ich auch. Helen, ich möchte dich etwas fragen.«

»Bitte, frage nur.«

»Du weißt, dass Mutter mir ständig Vorwürfe macht, weil ich nicht verhindert habe, dass Marc allein in Urlaub gefahren ist.«

»Ja, das weiß ich. Wir kennen sie ja. So war sie immer.«

»Heute Morgen las ich in dem Buch, das du mir geschenkt hast, dass es wichtig ist, sich selbst zu vergeben. Seitdem denke ich angestrengt darüber nach, ob in mir noch Schuldgefühle sind.«

»Möglicherweise, Marie. Und wenn es so ist, dann vergib dir bitte für was auch immer. Ich glaube allerdings, dass du überhaupt keinen Grund hast, Schuldgefühle zu haben. Du bist nicht schuld, dass

Marc mit einer anderen im Bett gelandet ist. Das war seine Entscheidung. Lass dir von Mutter nicht so etwas einreden.«

Marie dachte nach. »Du hast wie immer recht, Helen.«

»Ich habe nicht immer recht, Marie. Recht haben interessiert mich überhaupt nicht. Ich habe lieber gesunde, glückliche Kinder, einen lieben Mann und ausreichend Geld auf unserem Konto. Vom Rechthaben habe ich nichts.«

»Das meinte ich ja nicht so.«

»Das weiß ich, Marie. Wir können uns auch selbst Schuldgefühle einreden, dass wir an was auch immer Schuld haben. Deshalb ist es äußerst wertvoll, sich selbst zu vergeben. Ich mache es regelmäßig.«

»Was, dir selbst vergeben?«

»Ja, eine weise Frau hat mir vor Jahren einige Worte mit auf den Weg gegeben, die ich regelmäßig befolge.«

»Das klingt spannend, Helen. Und wie lauten diese Worte?«

Helen sah ihre Schwester an und begann: »Aus tiefstem Herzen vergebe ich allen Seelen, die mich jemals, ob bewusst oder unbewusst, durch Worte, Handlungen oder Gedanken verletzt oder gekränkt haben. Aus tiefstem Herzen bitte ich alle Seelen um Vergebung, die ich jemals, ob bewusst oder unbewusst, durch Worte, Handlungen oder Gedanken verletzt oder gekränkt habe. Aus tiefstem Herzen vergebe ich mir selbst.

Damit ist sozusagen alles abgedeckt. Ich habe jedem vergeben, um Vergebung gebeten und letztendlich mir selbst vergeben. Es wirkt, ich habe es in verschiedenen Lebenssituationen erfolgreich angewendet. Besonders in schwierigen Situationen. Durch das Vergeben geben wir unseren Groll, unsere Ängste, Aggressionen, Unruhen und Schuldgefühle ab. Somit können wir zurück zur wahren Liebe kehren, die wir alle sind. Vergebung ist letztendlich ein Geschenk, das leider nicht viele sehen und demzufolge nicht anwenden, obwohl es ihnen hilft. Du weißt von meinen Problemen auf der Arbeit in der Praxis, die ich lange hatte?«

»Ja, die kenne ich. Mit einer deiner Kolleginnen.«

»Wenn du mit jemandem ein Problem hast, kannst du folgende Worte anwenden. Otto, Hermann, Ursula, Bettina, Barbara, Klaus – oder wie auch immer die Person heißt, mit der du ein Problem hast –, ich sende dir Liebe, Licht und ich segne dich. Es funktioniert garantiert, ob du es glaubst oder nicht. Du kannst es, wenn du möchtest, einfach einmal versuchen und anwenden.«

»Helen, langsam kommst du mir unheimlich vor. Woher hast du das alles?«

»Ich habe vieles darüber gelesen und Rainer, unser Freund, hat mir gesagt, dass es gewiss einen Grund dafür gibt, weshalb ausgerechnet ich das Problem mit einer Kollegin oder einem Kollegen habe. Und weil ich es habe, kann ich es auch auflösen. Wenn ich Liebe und Licht zu derjenigen Person sende und sie segne, dann kann ich ganz einfach kein Problem mehr mit diesem Menschen haben.«

Das alles klang für Marie zwar plausibel, doch die Umsetzung schien ihr nicht einfach. Sie legte die Servietten mit den Weihnachtssternen auf den Esstisch und verteilte sie, während Helens Worte in ihr arbeiteten. Helen holte das kostbare Silberbesteck aus dem Kasten und legte für jeden eine Gabel, ein Messer und einen Löffel auf die Serviette. Helen schien nachdenklich und wandte sich wieder ihrer Schwester zu. »Marie, ich möchte dir noch etwas sagen.«

In Marie regte sich etwas.

»Es ist etwa ein Jahr her, als ich Marc am Rhein in Köln begegnet bin. Er hat mich freundlich begrüßt. Wir sind gemeinsam spazieren gegangen. Er hat mir gesagt, wie weh es ihm tat, dass er dich so verletzte. Und dass es ihm aufrichtig leidtue, dass dadurch eure Ehe in die Brüche ging.«

»Das hast du mir noch gar nicht gesagt.«

»Marc wollte, dass es unter uns bleibt. Marie, ganz ehrlich, Marc tut mir leid. Ich weiß, dass er das, was geschehen ist, nicht rückgängig machen kann. Doch ich weiß auch, dass ein Mensch, wenn er einen anderen verletzt, sich selbst die größten Schmerzen zufügt.«

»Ja, das glaube ich auch, Helen. Wenn ich mir das alles so überlege, werde ich versuchen, ihm zu vergeben.«

»Das würde mich für dich und ebenso für Marc aufrichtig freuen. Denn Worte der Vergebung führen zur inneren Heilung. Dabei hat die Person, der wir vergeben, absolut keinen Einfluss auf unsere Absicht der Vergebung. Wir heilen uns selbst mit der Vergebung. Marie, Marc ist weiterhin in deinem Herzen. Es zu leugnen, hilft niemandem. Wie du damit umgehst, liegt an dir und ist entscheidend.«

»Aus dieser Sicht habe ich es noch nicht betrachtet. Die Gedanken und Gefühle an ihn kommen einfach. Manchmal wie Blitze aus einer Situation heraus. Wenn ich Bilder von Spanien sehe, muss ich an unseren ersten Urlaub denken. Wo immer ich Schnee entdecke, sehe ich uns beim Skifahren in Österreich. Ist doch verrückt, oder nicht?«

»Das ist überhaupt nicht verrückt. Sondern ganz normal. Mir und anderen geht es ebenso. Erinnerungen bleiben. Bilder und Gerüche vor allen Dingen. Wenn ich Kernseife rieche, dann muss ich an die Küche unserer Oma in Frechen denken.«

»Ja, ich auch, Helen. Wenn ich in Frechen bin, gehe ich gerne an ihrem Haus auf der Hasenweide vorbei.«

»Das mache ich ebenfalls, Marie. Wir haben alle unsere wundervolle Oma Gertrud geliebt. Sie war ein wahrer Engel. Gott habe sie selig.«

»Ich weiß einfach nicht, was ich machen soll, Helen.«

Sie schwiegen eine Weile.

»Ich glaube, das Beste in deiner Situation wäre, ihm einen kleinen Teil in deinem Herzen zuzugestehen. Schließlich habt ihr viele Jahre glücklich miteinander gelebt und euch aufrichtig geliebt.«

»Das stimmt. Doch der Schmerz wegen der Enttäuschung ist noch groß.«

»Er hat dir oft gesagt, dass er es ehrlich bereut. Und dich um Verzeihung gebeten.«

»Ja, das hat er. Ich habe ja ernsthaft versucht, ihm zu vergeben. Es ging nicht. Auch heute noch kann ich ihm nicht vergeben.«

»Marie, es würde in erster Linie dir guttun, wenn du ihm vergibst. Mit der Vergebung gibst du deinen Schmerz ab. Es bedeutet nicht, dass du sein Fremdgehen auf irgendeine Weise tolerierst oder ungeschehen machen kannst. Bei dieser Art von Vergebung geht es um deinen Schmerz. Lass ihn endlich raus. Dann fühlst du dich besser.«

»Das glaube ich dir. Ich weiß nur nicht, wie ich es anstellen soll, zu vergeben, wenn ich es nicht wirklich will.«

Erneutes Schweigen. Helen wusch sich die Hände und trocknete sie an ihrer Schürze ab.

»Marie, überlege doch mal. Willst du den Schmerz, den er dir durch die dumme Handlung zugefügt hat, für den Rest deines Lebens mit dir herumschleppen? Oder willst du wieder ein liebendes Herz in dir haben, das sich für eine neue Liebe öffnen kann?«

Marie kamen die Tränen. Helen nahm sie in die Arme. »Tut mir leid, das war nicht meine Absicht.«

»Ist schon gut«, schluchzte Marie. »Es ist nur – du weißt schon. Es ist – ach, ich weiß auch nicht. Es ist alles so kompliziert.«

»Marie, ich würde mich für dich so sehr freuen, wenn du wieder eine neue Liebe findest. Du bist eine attraktive Frau und mit 45 Jahren zu jung, um für den Rest deines Lebens allein zu leben.«

»Das will ich auch nicht. Lass uns jetzt über etwas anderes reden.«

»Das machen wir. Lass uns den Tisch decken und uns aufs Essen freuen. Hans wird gleich nach Hause kommen.«

Helen schaute auf die Uhr und gab ihrer Schwester einen Kuss auf die Wange. »Das wird schon, meine Liebe.«

»Hallo! Hallo! Wo sind meine lieben Kinderlein, meine liebe Frau und meine liebe Schwägerin?«, klang es von der Haustür. Hans war soeben nach Hause gekommen. Er hatte einige frische Lebensmittel für die Feiertage besorgt. Marie lief auf ihren Schwager zu und drückte ihn herzlich.

»Hallo, Marie. Schön, dass du hier bist.«

»Hallo, Hans. Wie ich sehe, hast du mal wieder viel zu viel eingekauft.«

»Na, so viel ist es auch wieder nicht.«

Hans ging ins Wohnzimmer, begrüßte seine Kinder und räumte anschließend den Einkauf in den Kühlschrank und die Küchenschränke. Dann wandte er sich wieder Marie zu. »Wie geht es dir?«

»Ganz gut, Hans. Ich habe Helen erzählt, dass ich gestern Marc im Supermarkt getroffen habe.«

»Oh! Das war bestimmt nicht einfach für dich.«

Marie schaute zur Seite. »Ja, es war nicht einfach.«

Hans legte seinen Arm um Maries Schulter. »Lass uns zu den Kindern gehen.«

Sie gingen ins Wohnzimmer, setzten sich auf den Teppich und halfen Eva bei ihrem Puzzle. Helen bereitete in der Zwischenzeit das Essen zu. Die meisten Familien zelebrierten Weihnachten mit einem opulenten Festmahl am ersten und zweiten Weihnachtstag. Helen und Hans liebten genau das am Heiligabend. An den anderen Tagen, an denen sie ihre Familien besuchten, natürlich auch. Heiligabend aber war ihr Tag, war Familientag. Das war ihr wahres Weihnachten, an dem sie sich ebenfalls bewusst waren, dass sie den Geburtstag Jesu Christi feierten. Das war schließlich der Anlass für Weihnachten. Die Geburt eines besonderen Kindes.

Mit all der Liebe Helens und ihrer Familie fuhr sie erfüllt spätabends nach Hause. Doch als sie die Tannenbäume und Lichter in den Fenstern der Häuser sah, kamen ihr erneut die Tränen. Zu Hause erwartete sie eine leere, kalte Wohnung. Sie putzte schnellstens die Zähne, zog ihren Pyjama an, legte sich ins Bett, zog die Decke bis zu ihrem Hals und schlief mit Bildern glücklicher Kinderaugen ein.

Am nächsten Morgen nahm sie als Erstes, nachdem sie die Augen geöffnet hatte, ihr Buch und fasste einen Entschluss. Sie wollte nicht weiterhin allein leben. Eine neue Beziehung einzugehen, brachte das Risiko mit, wieder verletzt zu werden. Doch allein leben wollte sie nicht. Sie schlug ihr Buch auf und musste lachen. Es gibt keine Zufälle, las sie. Ja, nun glaube ich es auch. Heute war der erste Weihnachtstag. Marie verließ schweren Herzens ihr warmes Bett. Ihre Gedanken waren bei ihren Eltern, bei denen sich heute die Familie traf. Sie freute sich auf Helen und ihre Familie. Ihr Bruder würde auch kommen. Doch zu ihm hatte sie nie eine richtige Beziehung gehabt. Er sprach nur von seinen neuen Autos, neuen Frauen – in dieser Reihenfolge – und davon, wie viel Geld sich auf seinem Konto befand. Glücklich sah er nie aus. Er lachte viel. Es war ein oberflächliches Lachen.

Nach dem Frühstück unternahm Marie einen Spaziergang im Park. Es nieselte, war kalt und grau. Sie würde lieber in Spanien leben. Seit ihrem ersten Urlaub mit Marc – da war er wieder – hatte sie ernsthafte Überlegungen angestellt, mit ihm nach Spanien auszuwandern. Weil Marc eine gut bezahlte Arbeit hatte, die zudem noch, wie er annahm, krisensicher war, hatte sich die Frage erst einmal nicht gestellt. Das *erst einmal* hatte sich dann über zwanzig Jahre hingezogen. Trotzdem hatte Marie ihren Traum niemals begraben.

Auf dem Weg zum Park kam ihr Dieter entgegen. »Guten Morgen«, grüßte er wie immer freundlich.

»Guten Morgen und frohe Weihnachten, du bist ja schon früh auf den Beinen.«

»Ja, ich gehe zu meinem Vater. So kann ich schon mal den Weihnachtsspeck abtrainieren.« Sie mussten lachen. Irgendwann hatten sie beschlossen, sich zu duzen, wie es im Rheinland üblich war.

»Dann noch schöne Weihnachten«, wünschte Marie.

»Danke, dir ebenfalls.«

Netter Mann, dachte Marie, als sie den Park betrat. Dieter war ein sympathischer und stets hilfsbereiter Endfünfziger, der seit Jahren in der Wohnanlage arbeitete. Marie mochte ihn vom ersten Augenblick an. Sie hatten zwar immer nur kurze Gespräche geführt, doch waren diese durchweg aufbauend. Angeblich sollte er einen jüngeren Bruder haben, der als freier Schriftsteller in Dublin, Irland lebte. Marie hatte sich vorgenommen, irgendwann einmal Bücher dieses Bruders zu lesen.

Nach ihrem Spaziergang packte sie in ihrer Wohnung einige kleine Geschenke für ihre Eltern und ihren Bruder ein und machte sich auf den Weg nach Frechen, wo ihre Eltern seit ewigen Zeiten im gleichen Haus wohnten. Ihr Vater war nunmehr seit fünf Jahren pensioniert und schien mit seinem Leben zufrieden. Morgens während des Frühstücks die Zeitung lesen, dann spazieren gehen, Mittagessen, Mittagsschlaf, spazieren gehen, fernsehen, Abendessen, fernsehen, schlafen gehen. Das war sein Tagesrhythmus. In Urlaub fahren wollte er nicht mehr, weil es eh immer das Gleiche war, wie er meinte.

Marie wollte so im Alter nicht leben. Sie hatte andere Vorstellungen. Sie sah sich an einem weit ausladenden Strand in der Sonne gehen, mittags in einem Strandrestaurant mit Blick aufs Meer frischen Fisch, Paella und köstliche Salate essen und dazu ein Glas Wein trinken. Und das möglichst mit einem Mann, der sie liebte und den sie liebte. Die Fahrt nach Frechen war kurz. Es war wenig Verkehr auf den Straßen. Sie mochte die besinnliche weihnachtliche Stimmung. Früher hatte sie es geliebt, Weihnachten einen Spaziergang zu machen und sich die Lichter in den Wohnungen und Häusern anzusehen. Dann war die Heiligkeit Weihnachtens fühlbar. Heutzutage hatten viele vergessen, wie schön Weihnachten sein kann. Es ging nur noch ums Schenken, Essen und Trinken – das war‘s.

Marie parkte ihren Wagen auf dem Wiesenweg vor ihrem Elternhaus, nahm die Geschenke, ging zum Haus und schloss die Tür auf. Sie hatte noch immer den Haustürschlüssel. Für alle Fälle, hatte ihre Mutter gesagt. Marie fühlte sich nicht wohl in ihrer Haut. Seit Marc nicht mehr in ihrem Leben war, hatte sich die Beziehung zu ihrer Mutter verändert. Sie fühlte es bei fast jedem ihrer Kommentare. Wie oft ihre Mutter ihr gesagt hatte, wie viele Jahre sie schon verheiratet sei, konnte sie nicht mehr nachvollziehen. Marie hatte sie nicht gefragt, wie viele Jahre davon von Glück erfüllt waren.

Ihre Mutter, die aus der Küche kam, holte sie aus ihren Gedanken. »Da ist ja meine liebe Marie. Frohe Weihnachten auch.« Sie drückten sich.

»Frohe Weihnachten, Mutter.«

»Helen und ihre Familie sind noch nicht hier, sie kommen etwas später«, sagte sie.

»Ja, das habe ich gesehen. Ihr Wagen steht nicht vor der Tür.«

Marie zog ihren Mantel aus, hängte ihn an der Garderobe auf und ging ins Wohnzimmer. Ihr Vater, der vor dem Fernseher saß, wandte seinen Kopf. »Ah, Marie, du bist schon da.«

Marie ging zu ihrem Vater und gab ihm einen Kuss auf die Wange. »Frohe Weihnachten, Vater.«

»Dir auch frohe Weihnachten, Marie. Wie war die Fahrt?«

»Gut, die Straßen sind fast leer. Das liebe ich. Wenn ich daran denke, wie es werktags auf der Bundesstraße zugeht.«

»Es ist alles zu viel geworden«, fügte ihr Vater an. »Früher bin ich mit dem Fahrrad nach Türnich, Horrem und manchmal nach Köln gefahren. Da gab es nur wenige Autos. Wer konnte sich die schon leisten.«

Ihr Vater hatte, wie viele andere in der Region, bei der Rheinbraun im Kohleabbau gearbeitet. Es war eine schwere Arbeit. Sein Körper hatte einiges abbekommen während der fünfundvierzig Jahre Schufterei. Wenn jemand seinen Ruhestand redlich verdient hatte, dann ihr Vater, glaubte Marie. Sie setzte sich aufs Sofa.

»Willst du einen Kaffee, Marie?«, rief ihre Mutter aus der Küche.

»Ja, gerne.«

»Für mich bitte auch noch einen«, sagte ihr Vater und wandte sich seiner Tochter zu. »Ich habe zwar schon zwei heute Morgen getrunken, aber Weihnachten kann ich eine Ausnahme machen.«

Den gleichen Satz sagt er seit Jahren, dachte Marie. Kurze Zeit später erschien ihre Mutter mit der Thermoskanne und zwei Tassen auf einem Tablett.

»Schau mal, Marie, das Tablett habe ich mir letzte Woche beim Aldi gekauft. Ist das nicht schön mit den Farbmustern. Es hat auch nur 3,95 Euro gekostet.«

»Ja, wirklich schön, Mutter.«

Ihre Mutter stellte die Tassen auf den Tisch und goss zuerst ihrem Mann und dann Marie Kaffee ein. Marie wünschte sich in diesem Augenblick ihre Schwester und deren Familie herbei. Sie hatte sich vorgenommen, Weihnachten im nächsten Jahr nicht mehr als Erste zu erscheinen. Doch das plante sie jedes Jahr.

Minuten später hörte sie ihre Mutter zur Haustür gehen, um ihre Enkelkinder, Helen und Hans zu begrüßen. Die Kinder kamen ins Wohnzimmer gestürmt und belagerten sogleich den geliebten Opa. »Opa! Opa! Opa! Frohe Weihnachten, Opa! Frohe Weihnachten, Opa!«

»Ah! Da ist ja die ganze Bande. Frohe Weihnachten, ihr Lieben. Na, mal langsam, nicht alle auf einmal.«

Helen und Hans kamen freudestrahlend ins Wohnzimmer. »Frohe Weihnachten allerseits.«

Helen nahm ihren Vater und dann Marie in die Arme und drückte sie. Ihre Schwester hatte eine besondere Art, Liebe zu zeigen. Sie schaffte es sogar, ihrer Mutter Liebe entgegenzubringen. Obwohl es offensichtlich war, dass diese Schwierigkeiten damit hatte, weil sie es nicht annehmen konnte. Helen wusste, dass es nicht an ihr oder jemand anderem lag, sondern dass es ihrer Mutter an Eigenliebe mangelte. Wer sich selbst nicht liebt, kann unmöglich

Liebe aussenden. Warum das so war, hatte Marie ihre Schwester des Öfteren gefragt.

Ihre Eltern und Großeltern, die die Kriegswirren hautnah miterleben mussten, hatten furchtbare Dinge erfahren, über die heutzutage nur noch wenig gesprochen wurde. Vielerlei Verletzungen und Schmerzen lebten weiterhin in ihnen. Ängste, Aggressionen und Unverständnis. Das alles brauchte Zeit, um zu heilen. Leider wussten die wenigsten, wie solcherart psychische Schmerzen heilen können. Helen hatte viele Bücher darüber gelesen. Sie wollte wissen, weshalb dieser Schmerz auch in ihrer Kindheit und später noch in ihr war. Unwissend gaben Menschen über Generationen Leiden und Ängste an ihre Nachfahren weiter. Sie lebten weiterhin in ihnen, weil sie diese nicht herausgelassen hatten aus ihren Herzen, ihren Seelen und ihren Billionen von Zellen. Demnach waren sie noch nicht verheilt.

Rainer hatte Helen in einem ihrer langen Gespräche gesagt, dass Zellen Gefühle der Ängste und Liebe speicherten. Sie würden jederart Emotion aufnehmen und entsprechend reagieren. Daraufhin wurden Helen Redensarten bewusst, die viele immer wieder, meistens unbewusst und spontan, aussprachen: *Das geht mir auf die Nieren. Da kriege ich so einen Hals. Da könnte ich verrückt werden. Du gehst mir auf die Nerven. Du machst mich noch bekloppt usw.* Rainer hatte angeführt, dass unsere Zellen, Organe und unser gesamter Körper wie auch unsere Psyche darauf reagieren würden. Wenn du einem Kind oder Erwachsenen sagst, dass du ihn liebst. Was für Gefühle werden diejenigen wohl in sich aufnehmen? Wenn du jedoch Worte wie *du bist dumm* oder schlimmere sagst, so kann dies Kinder bis ins Erwachsenenalter begleiten. Verletzungen, durch Worte herbeigeführt, hielten sich hartnäckig, bis wir sie mittels Vergebung und Liebe aus uns herauslassen, entlassen.

Marie war mit ihren Gedanken weit weg, als die Kinder ihre Geschenke auspackten. Sie schaute auf den Fernseher, der irgendwelche Nachrichten aus aller Welt brachte, und nahm es nicht wirklich wahr. Ich möchte wie Helen in der Lage sein, mich mehr zu lieben, und diese Liebe dann weitergeben. Ihre Schwester hatte Ratgeberbücher gelesen, ebenso spirituelle Bücher verschiedenster Religionen und auch Bücher über Psychologie. Außerdem hatte sie zahlreiche Kurse in Yoga, Meditation, Familienaufstellung und Selbstfindung absolviert. Sie hatte vor Jahren begonnen, bei sich selbst nachzufragen und nicht mehr die Ursachen von Schuld und Problemen außerhalb zu suchen.

Alles ist in dir, hatte Helen ihr gesagt. Alle Liebe, alles Glück dieser Welt befindet sich in deinem Herzen. Nirgendwo anders kannst du es finden. Den Anfang hatte sie ja schon gemacht, indem sie in Helens Buch gelesen hatte. Sie wollte das fortsetzen. Es war ihr fester Wille. Was gibt es Besseres im Leben, als glücklich zu sein, klang es in ihr. Wenn ich schon hier und jetzt auf diesem Planeten leben muss oder soll, dann will ich wenigstens glücklich leben.

Eva, die ihr ihre neue Puppe zeigte, holte sie in die Gegenwart zurück. »Kuck mal, Tante, ist die nicht goldig?«

»Die ist wunderschön, mein Schatz.«

Marie nahm Eva in ihre Arme und drückte sie an sich.

»Mittagessen ist fertig«, schallte es aus der Küche. Helen und Marie gingen in die Küche, um ihrer Mutter zu helfen. Der Tisch war schon gedeckt. Und wie ebenfalls in jedem Jahr klingelte es zur gleichen Zeit an der Tür. Ihr Bruder Mike samt seiner neuen Freundin war angekommen. »Kinder, kommt mal schnell, bevor ich die Tür schließe. Dann kann ich euch meinen neuen Mercedes zeigen«, rief Mike von der Haustür aus.

»Mach die Tür zu, Mike, es zieht«, protestierte ihre Mutter, die im Begriff war, den Braten ins Wohnzimmer zu tragen.

Nicht schon wieder, dachte Marie. Die Kinder liefen zur Tür und bestaunten den knallroten Sportwagen. »Ist der nicht klasse?«, fragte Mike.

»Boah!«, begeisterte sich David, »der sieht spitze aus.«

»Flamm neu, habe ich letzte Woche in Köln gekauft.«

»Mach endlich die Tür zu«, beschwerte sich ihre Mutter erneut, als sie zurückkam.

Mikes neue Freundin, die in ihrem Pelzmantel neben der Tür stand, fand keine Beachtung. Bis Helen mit ausgestreckter Hand auf sie zuging. »Frohe Weihnachten. Ich bin Helen.«

»Ulli, frohe Weihnachten.«

Mike hatte es endlich geschafft, die Haustür hinter sich zu schließen, und trat stolz ins Wohnzimmer. »Frohe Weihnachten allerseits.«

»Frohe Weihnachten«, klang es ihm vielstimmig entgegen. Mike hatte offensichtlich seine Freundin vergessen, die sich im Flur mit Helen unterhielt. Marie, aus dem Wohnzimmer kommend, stellte sich ihr ebenfalls vor. Nachdem sie Ulli den schweren Pelzmantel abgenommen und ihn an einem Kleiderbügel an der Garderobe aufgehängt hatte, begleitete sie sie ins Wohnzimmer, wo schon alle außer der Mutter am Tisch saßen und aufs Essen warteten.

Ulli wurde nach und nach allen vorgestellt, bis auch sie sich an den Tisch setzte. Das Essen roch köstlich. Es war ausgezeichnet. Ihre Mutter war eine gute Köchin. Helen und sie hatten von ihr einiges Gute mit auf den Lebensweg bekommen. Mike redete während des Essens überschwänglich von seinen blühenden Geschäften und vom Geld, das nur so floss. Ulli war schweigsam. Sie schien sich nicht wohl in ihrer Haut zu fühlen. Marie ging es genauso. Sie hatte es satt, dass nur Mike redete, ihr Vater mit dem Kopf nickte und ihre Mutter den Kindern ständig mehr auf die Teller lud. Sie hatte keine Lust, auch nur ein Wort zu sagen.

Nach dem Essen wurde über die Geschenke geredet. Ulli hatte von Mike einen neuen Pelzmantel bekommen, für ihn selbst musste der neue Sportwagen als Geschenk ausreichen. Schließlich hatte er 63.550 Euro gekostet. Da brauchte es nicht mehr an Geschenken. Alle stimmten ihm zu. Später zum Kaffee gab es Christstollen. Marie wusste, was kam.

»Nur 9,95 Euro, vom Aldi«, sagte ihre Mutter, als sie ihn auf den Tisch stellte. Warum muss sie nur immer den Preis für alles benennen, fragte sich Marie. Mike hatte diese blöde Angewohnheit übernommen. Sie wunderte sich, dass er nicht den Preis für Ullis Pelzmantel genannt hatte. Das war eher ungewöhnlich. Die von ihrer Mutter selbst gebackenen Plätzchen liebte sie jedoch von Kindheit an.

Nach dem Kaffee verabschiedete sich Marie schnell von allen und verschwand. Als sie im Wagen saß, sah sie ihre Mutter kopfschüttelnd hinter den Küchengardinen. Marie war zum Heulen zumute. Sie war froh, als sie in ihrer Wohnung auf dem Sofa lag und sich einen alten Schwarzweißfilm im Fernsehen anschaute. An diesem Abend ging sie früh zu Bett.

Den zweiten Weihnachtstag wollte sie in Ruhe mit Lesen und Spaziergängen verbringen. Und sich ernsthaft überlegen, was sie im neuen Jahr in ihrem Leben zum Besseren verändern konnte. Unbedingt verändern wollte. »Ich will wieder glücklich sein«, sagte sie kaum hörbar. »Wieder glücklich leben. Das Leben genießen. Ich möchte wieder küssen, leidenschaftlich lieben und die Liebe eines Mannes fühlen, der es ehrlich mit mir meint und dem ich vertrauen kann.« Marc erschien vor ihrem geistigen Auge. Liebe ich ihn noch, fragte sich Marie. Sind da wirklich noch Gefühle für ihn in meinem Herzen? Sie legte ihre Hände aufs Gesicht und atmete tief ein. Dann zog sie ihre Wanderschuhe und den warmen Mantel an, nahm sich ihre Handschuhe und den Kaschmirschal von der Garderobe und ging raus. Als sie im Park war, fühlte sie sich besser. Irgendwie war sie diesem Park dankbar. Sie liebte mittlerweile jeden Baum, jedes Blatt, jeden Strauch, die Vögel und was sich sonst noch alles in diesem Kleinod befand.

Im Laufe der letzten Monate hatte sie sich mehr und mehr für die geheimnisvollen Zeichen auf den Steinen, die an ausgewählten Kraftorten im Park angeordnet waren, interessiert. Sie faszinierten sie und schienen ein Geheimnis in sich zu bergen. Seitdem machte Marie sich mehr Gedanken darüber, was alles in dieser unendlichen Welt existierte. Es schien mehr zwischen Himmel und Erde zu geben, als sich die Menschen mit ihrem begrenzten Denken vorstellen konnten. Sie dachte gern darüber nach und wollte aus Büchern mehr darüber erfahren. An jenem Tag im Park stellte sich für einige Augenblicke so etwas wie ein Glücksgefühl ein. Es war eine Art Gewissheit, dass sie nun, da sie allein lebte, Zeit für Außergewöhnliches hatte. Ihre Zeit kam ihr wertvoll vor. Ich habe Zeit für mich, wurde ihr bewusst. Kostbare Zeit. Jeder Moment im Leben ist kostbar. Ob ich ihn mit einem Mann, mit meiner Schwester oder der Verkäuferin im Bäckerladen teile. Jeder Augenblick hat einen Wert. Marie fand diese Erkenntnis erstaunlich. Ja, so ist es. Das Leben ist wertvoll. Wir leben schließlich nicht vergebens auf dieser Welt. Es kann kein Zufall sein, dass wir hier und jetzt auf dem Planeten leben, dem die Menschen den Namen Erde gegeben haben.

Rainer hatte Helen gesagt, dass alles mit allem verbunden sei. Ja, verbunden sein musste. Denn wenn es nicht regnen würde, könnte kein Getreide, kein Gemüse, könnten keine Obstbäume wachsen. Dann könnten die Menschen weder Brot noch Gemüse oder Obst essen. Und ohne Nahrung wären wir Menschen nicht in der Lage, auf der Erde zu leben. Aus diesem Grund sei es logisch, dass der Wassertropfen mit uns verbunden ist. Denn ohne ihn wären wir nicht imstande zu überleben. Auch dass sich in dem Wort Lebensmittel das Wort *Leben* findet, fand er bemerkenswert.

Rainer hatte ihr auch gesagt, dass Billionen von Zellen in einem Menschen existieren und ihre spezifischen Aufgaben haben. Und dass diese Zellen auf Emotionen wie Stress, Liebe und Angst reagieren. Marie dachte darüber nach. Demnach reagieren ihre Zellen auf das, was ihnen von anderen Menschen zugetragen wurde. Wenn alles mit allem verbunden war, dann wären ihre Zellen mit denen von Helen, Rainer, ihren Eltern und allen anderen Menschen in ständigem Kontakt und Austausch. Austausch, wiederholte sie in Gedanken. Das ist ja sensationell. Genauso wird es sein.

Sie hatte eine tiefe Liebe gefühlt, als sie mit Marc zusammenlebte. Es hätte besser nicht sein können. Und wieso ging es ihr nach der Trennung von Marc schlecht? Es waren Empfindungen, die in ihr lebten. Konnte sie diese Gefühle nicht ändern, sie beeinflussen und umwandeln? Vorhin, als sie realisierte, dass ihre Zeit ohne Partner auch glückliche Momente barg, wurde ihr klar, dass es möglich war. Marie wollte in Zukunft bewusster leben und Situationen herbeiführen, die sie freudig stimmten. Auf eine gewisse Weise gefiel es ihr, den Entschluss gefasst zu haben, sich dem anzunehmen. Ja, ihr Glück in die eigenen Hände zu nehmen und es nicht von anderen abhängig machen.

Marie fühlte deutlich, wie neue Energien in ihr aufstiegen. So viel Positivität hatte sie lange nicht mehr in sich gespürt. Ihre Schwester und Rainer waren die Auslöser für diesen Wandel. Da war plötzlich wieder Hoffnung. Hoffnung, in Zukunft wieder glücklich leben zu können. Wieso in Zukunft, dachte sie. Ich WILL jetzt wieder glücklich sein. Jetzt lebe ich. Was morgen ist, weiß ich nicht und kann ich nicht wissen. Ich kann nur jetzt und heute leben und WILL jetzt glücklich sein. »JETZT«, schrie sie in die Dämmerung hinein und schaute sich erschrocken nach allen Seiten um. Sie stellte fest, dass sie allein war. In dieser Jahreszeit hielten sich nicht viele im Park auf. Froh gelaunt machte sie sich auf den Weg nach Hause und war voller Hoffnung.

Marie fuhr am nächsten Tag nach Frechen und kaufte sich ein Buch mit dem Titel *Gesundheit für Körper und Seele* von Luise Hay. Der Titel hatte sie angesprochen. Der Mensch besteht schließlich nicht nur aus einem physischen Körper. Da ist mehr. Da sind Gefühle, da ist Schmerz, da sind die ungeliebten Gedanken, die uns manchmal sogar jahrelang quälen. Marie stellte sich die Frage, ob Gedanken und Gefühle außerhalb des Körpers existieren können. Mit ihren

Gedanken war sie in der Lage, an andere Orte zu schweifen. Sie konnte in diesem Moment in Türnich an ihre Eltern in Frechen denken. Vermochte sich ihre Gesichter, ihre Worte und Mimik vorzustellen. Ihre Gefühle reagierten entsprechend darauf. Wenn sie – ja, ja – da war Marc schon wieder. Nun gut, dachte Marie, dann wollte sie auch bewusst an ihn denken. Die Gedanken waren schließlich da. Also gut – wenn sie an Marc dachte, stellten sich die Gefühle bei ihr ein. Nein – sie musste ja nicht unbedingt wieder an ihre erste gemeinsame Nacht denken. Obwohl diese oft präsent war. Auf jeden Fall war es ein bemerkenswertes Beispiel dafür, dass Gefühle und Gedanken zeitlich und räumlich unabhängig voneinander existieren konnten. Und demzufolge Zeit überhaupt nicht existierte, fragte sich Marie.

Am Abend rief sie Helen an, um dieser von ihren neuen Erkenntnissen zu berichten. Ihre Schwester war begeistert und lud Marie zu einem Kaffee am nächsten Tag ein. Auch während des Gesprächs am Folgetag stellte Marie eine einzigartige Verbindung zwischen ihnen beiden fest.

»Helen, du hast dich irgendwie verändert«, sprach sie ihre Schwester an.

»Marie, weißt du, was ich glaube? Ich glaube, dass du dich verändert hast. Das sehe ich an deinen Augen. Sie glänzen wieder.«

»Oh, danke, dass du das sagst.«

»Ich glaube, du hast dich verändert, weil du dich mit dir selbst beschäftigst und das auch noch auf eine liebevolle Art. Du kümmerst dich um dich. Und du hast beschlossen, Verantwortung für dich und dein Glück zu übernehmen.«

»So habe ich es noch gar nicht gesehen, Helen.«

»So ist es aber. Verstehe mich jetzt bitte nicht falsch, meine Liebe. Ich glaube, dass Menschen nach Trennungen, Verlusten und Enttäuschungen manchmal in die Opferrolle schlüpfen. Es ist durchaus verständlich, dass wir eine Zeit lang traurig sind, wenn wir uns trennen oder Abschied nehmen müssen. Doch glaube ich, dass es irgendwann an der Zeit ist, die Trauer zu beenden, um wieder glücklich zu leben. Beim Tod eines geliebten Menschen ist dies natürlich nicht einfach. Jeder Mensch wird irgendwann sterben, ausnahmslos jeder. Und jeder Mensch hat auch das Recht zu sterben. Genauso wie jede Geburt eine Berechtigung hat. Die Zeit der Trauer ist ebenfalls wichtig. Doch muss der Mensch nicht sein Leben lang trauern. Wir leben ohnehin bis in alle Ewigkeit. Die Menschen, die vor uns gehen mussten, warum und weshalb auch immer, möchten sicherlich, wie ich fest glaube, dass ihre Hinterbliebenen nach der Trauerphase wieder freudvoll leben. Ein Leben lang zu trauern, ergibt keinen Sinn und hilft niemandem. Irgendwann sehen wir uns eh alle wieder.«

Marie dachte nach. »Aus dieser Perspektive habe ich es noch nie betrachtet. Doch da ist was dran, Helen.«

»Ich glaube, dass viele nicht wissen, dass sie die Opferrolle übernommen haben. Viele leben auch wie Opfer. Sie wissen nicht, dass sie in Wirklichkeit Schöpfer sind und selbst ihr Leben gestalten können. *Wir* bestimmen über unsere Zukunft. Ich kann mich heute entscheiden, nach Italien, Spanien oder Schweden auszuwandern. Dann kann ich morgen meine Sachen packen und alles in die Wege leiten, was ich für eine Auswanderung benötige.«

»Ja, das klingt logisch. Ich glaube jedoch nicht, dass es mit den Gefühlen so einfach ist. Denn Gefühle sind nun mal da in unserem Herzen. Ob es sich um liebevolle oder schmerzvolle handelt. Sie fallen über uns her. Und fragen nicht danach, ob sie einen traurig stimmen dürfen.«

»Das sehe ich genauso, Marie. Gefühle lassen sich nicht leugnen. Wir können sie allerdings beeinflussen.«

»Genau das habe ich gestern getan. Ich habe im Park einen Augenblick wahrgenommen, in dem ich glücklich mit mir und der Natur war. In Zukunft will ich mehr freudige Zeit erleben.«

»Ich freue mich sehr für dich, Marie. In irgendeinem Buch habe ich vor Jahren gelesen, dass glücklich sein eine Entscheidung sei.«

»Interessant. Wie auch immer, ich will glücklich leben.«

»Das wünsche ich dir von ganzem Herzen.«

»Danke, Helen. Ich fahre jetzt besser nach Hause und freue mich schon, dass nächste Woche wieder Normalität in mein Leben Einzug hält. Ich habe genug von den Feiertagen. Und Silvester bedeutet mir nichts. Ich werde in Ruhe und bewusst ins neue Jahr gehen. Früher begann das neue Jahr immer mit einem Kater, mit Kopfschmerzen. Ich glaube, es gibt schönere Übergänge.«

»Das glaube ich auch, Marie. Gute Heimfahrt. Ich rufe dich an.«

Sie drückten sich zum Abschied. Marie fuhr mit einem leichten Gefühl nach Hause und freute sich darauf, ihr neues Buch zu lesen. In dem anderen Buch las sie hin und wieder, wenn ihr danach war. Helen machte es ebenfalls so. Sie las meistens in drei oder vier verschiedenen Büchern auf ihrem E-Book-Reader. Marie las lieber in Taschenbüchern. Sie brauchte den Kontakt zum realen Buch und roch hin und wieder an Papier und Einband. Sie liebte den Geruch.

Zu Hause setzte sie Wasser auf, zog ihre Jacke und die Schuhe aus, machte sich einen Ginger-Tee, legte sich auf die Couch und nahm ihr neues Buch. *Gesundheit für Körper und Seele* las sie den Titel erneut, der ihr auf eine spezielle Art und Weise mehr mitteilen wollte, als ihr im Moment bewusst war. Wenn die Seele gesund ist, dann wird sich das auf den Körper übertragen. Daran zu glauben, war ihr wichtig. Glaube ist stärker als Hoffnung, obwohl Hoffnung schon mal nicht schlecht ist, waren ihre Gedanken. Marie beschloss, Kurse in Yoga und Meditation zu belegen, und las mit wachsender Begeisterung in ihrem neuen Buch.

»Ich glaube, Zufälle gibt es überhaupt nicht«, sagte Helen am nächsten Tag zu ihrer Schwester, als sie zusammen Kaffee tranken.

»Wie kommst du darauf, Helen?«

»Wie ich darauf komme? Letzte Woche hatte ich das Bedürfnis, Rainer anzurufen. Eine Frage, die mir auf der Seele brannte, beschäftigte mich seit Wochen. Und wie wir wissen, hat Rainer einen guten Draht zum Himmel. Ich wählte seine Nummer und als er das

Telefongespräch annahm, begrüßte er mich mit ›Hallo, Helen‹.«

»Er hat deine Nummer auf dem Display gesehen.«

»Nein, er hatte meine Nummer nicht. Das war das erste Mal, dass ich ihn anrief. Hans, den ich natürlich fragte, hatte sie ihm auch nicht gegeben.«

»Das ist wirklich seltsam.«

»Ja, Marie. Kannst du dich daran erinnern, dass unsere Oma oft gesagt hat, dass ich so etwas sie den siebten Sinn hätte.«

»Daran kann ich mich nur zu gut erinnern. Ostern hast du immer als Erste die bunten Eier im Garten gefunden und du wusstest einiges schon im Voraus. Manchmal, das kannst du mir glauben, warst du mir unheimlich.«

»Ich hoffe, im positiven Sinne.« Marie lachte.

»Sicher im positiven Sinne, obwohl ich als Kind oft eifersüchtig auf dich war.«

»Das ist bei Geschwistern normal.«

»Die Eifersucht war allerdings nicht so übermächtig, sodass ich dich weiterhin lieb haben konnte.«

»Ich habe dich als Kind auch schon lieb gehabt, Marie. Und das hat sich im Laufe meines Lebens noch verstärkt.«

Sie standen beide zur gleichen Zeit auf und nahmen sich in die Arme. Marie kamen die Tränen. »Danke, Helen, ich muss jetzt aufbrechen.«

»Danke dir, Marie. Ich fühle, dass dein Leben in glücklichen Bahnen verlaufen wird. Und ich wünsche es dir von ganzem Herzen.«

Marie trocknete ihre Tränen und machte sich auf den Nachhauseweg.

Die nächsten Tage, bis zu ihrem ersten Arbeitstag im neuen Jahr, verbrachte sie mit Spaziergängen und Lesen. Sie schrieb von nun an ihre neuen Erkenntnisse in ein Tagebuch. Das half ihr, zu reflektieren und alles besser zu verstehen. Wenn sie es wieder und wieder las, bekamen Situationen und Erlebnisse oft eine andere Bedeutung. Sie veränderten sich, sie gaben Einsichten preis, die sie früher niemals für möglich gehalten hätte. Zeit spielte eine wesentliche Rolle. Sie verändert Menschen und heilt Wunden, sagt ein altes Sprichwort. Zeit löste allerdings keine Gedanken und Gefühle auf, wie sie festgestellt hatte. Immer wieder fragte sie sich, ob Zeit überhaupt existiert. Was war eigentlich Zeit? Sie hatte sich vorgenommen, mehr darüber zu lesen. Im Lesen fand sie Erfüllung. Sie lernte dazu und manches Buch las sie vor dem Einschlafen zum Entspannen.

Selten zuvor hatte sie sich so auf einen ersten Arbeitstag gefreut wie auf diesen. Marie arbeitete seit Jahren als Fotosetzerin in einer Kölner Druckerei. Sie galt als Expertin für spezielle Layouts. Es war ihre kreative Ader. Marie malte auch gerne, doch widmete sie sich selten ihren wahren Talenten, wie sie diese nannte.

Es war Montag, die Straßen wie immer voll. Auf der Autobahn Stau. Sie fuhr schon früher los, doch schienen viele andere das ebenfalls so zu handhaben. Marie hörte ihre Lieblingsmusik während der Fahrt. Diese löste natürlich Erinnerungen und Gefühle in ihr aus. Es ist schon erstaunlich, in welchem Maße Musikklänge Gefühle auslösen, dachte Marie. Irgendwann hat jemand Texte geschrieben und Musik dazu komponiert. Menschen hören sie in bestimmten Situationen ihres Lebens und wenn sie die Musik Jahre später wieder hören, tauchen Gefühle der Liebe oder des Schmerzes erneut auf. Wenn Musik aus dem Radio erklang, die sie an Marc erinnerte, wechselte sie sofort den Sender.

Der Parkplatz vor der Druckerei war noch nicht gänzlich belegt. An den Autos erkannte sie, wer bereits eingetroffen war. Manfred, ihr liebster Kollege, war schon da. Er fuhr einen blauen Golf. Sie mochte Manfred, mit dem sie seit vielen Jahren in derselben Abteilung zusammenarbeitete. Sie waren nicht nur Kollegen, sondern Freunde. Manfred war auch ein guter Freund Marcs gewesen. Nach der Trennung von Marc hatte sich diese Freundschaft allerdings aufgelöst.

Marie öffnete die schwere, rostfarbene Tür zur Firma und ging durch die Buchbinderei, weiter an der Druckabteilung vorbei, in die Setzerei. Ihr Juniorchef, der direkt an der Eingangstür saß, begrüßte sie wie immer freundlich.

»Guten Morgen, Frau Krämer. Frohes neues Jahr.«

»Guten Morgen, Herr Keller. Danke, das wünsche ich Ihnen auch.«

Manfred schaute von seinem Bildschirm auf und winkte ihr zu.

»Hallo, Manfred, frohes neues Jahr«, wünschte sie und reichte ihm die Hand, als sie vor ihm stand. Manfred schüttelte ihre Hand.

»Hallo, Marie, auch dir ein gutes neues Jahr. Na, alles gut abgelaufen über die Feiertage?«

»Ja, es war wie immer. Doch habe ich ein neues Buch gefunden, das mich inspiriert. Ich sage dir mehr darüber in der Frühstückspause.«

Manfred verdrehte unmerklich die Augen. Marie kannte die vereinbarten Zeichen. Das bedeutete – der Chef guckt schon. Der Juniorchef war ein umgänglicher Mensch. Er mochte seine Mitarbeiter. Nur mochte er nicht zu gut gelaunte Mitarbeiter, weil diese dazu neigen, längere Gespräche zu führen, und manchmal auch Lieder pfeifen oder singen, was er absolut nicht haben konnte. Dann vernahmen die Mitarbeiter schon mal ein lautes Husten und mussten lachen. Der Juniorchef lachte letztendlich mit ihnen. Gab allerdings allen klar zu verstehen, dass nun gearbeitet wird. Die Arbeit, die sie verrichteten, bedurfte äußerster Konzentration.

Marie ging zu ihrem Arbeitsplatz, der sich am Ende der Abteilung befand. Während sie ihre Handtasche auf die Ablage legte, fühlte sie Freude. Freude, eine Arbeit zu haben, gute Kollegen und einen Juniorchef, der auch Spaß verstand. Danke, sagte sie leise in Gedanken, setzte sich auf ihren Bürostuhl und schaltete den Computer ein. Gewohnte Griffe, gewohnte Geräusche, gewohnte

Gesichter und Gerüche. Das hatte was und verlieh ihr ein Gefühl von Sicherheit.

Als der PC startklar war, nahm sie sich die erste Auftragsmappe, die neben ihr lag. Es war ein Routineauftrag von der Kreissparkasse Köln, den sie seit Jahren ausführte. Jeder Fotosetzer hatte seine Routinearbeiten und jeder hatte seine Stärken. Deshalb bekam sie die meisten neuen Aufträge, die der Gestaltung eines Layouts bedurften. Sie liebte es, Neues zu gestalten. Firmenlogos, Embleme, Poster, Labels, Geschäftskarten usw. Manche Stammkunden schätzten ihre Arbeit und bezogen sie in ihrem Erstgespräch mit dem Juniorchef, der gleichzeitig die Funktion des Abteilungsleiters innehatte, mit ein. Das hatte zu einer Gehaltserhöhung im Laufe ihrer nunmehr 12-jährigen Tätigkeit in der Druckerei geführt. Sie war zufrieden mit ihrem Einkommen. Stellte gleichzeitig keine zu hohen materiellen Ansprüche an sich und ihr Leben. Es musste kein großes Auto und kein eigenes Haus für sie allein sein. Mit Marc hatte sie in Bachem in einem Haus mit Garten gewohnt. Er hatte sie nach der Trennung ausbezahlt und lebte nun mit seiner Neuen dort. Wenn sie nur daran dachte, dass die Neue mit Marc im selben Bett schlief, in dem sie so viele romantische Stunden mit ihm verbracht hatte, bekam sie eine Stinkwut. Sie versuchte, die Gedanken wegzuwischen, was ihr nicht immer gelang.

Die Zeit verging schnell bis zur Frühstückspause. »Na sag schon, Marie, was gibt es Neues?«, fragte Manfred sie gleich, als sie sich zu ihm an den Tisch im Frühstücksraum setzte.

»Na ja«, begann Marie. »Ich weiß gar nicht, wo ich anfangen soll. Es hat sich in den letzten Tagen so vieles ereignet.«

»Beginne einfach.« Manfred, der sie anlächelte, war kein Himmelsstürmer, lebte seit Jahren allein, hatte auch schon einiges hinter sich, allerdings nie seinen Humor verloren.

»Kurz vor Weihnachten war ich in Frechen auf dem Markt und anschließend im Supermarkt. Und wen treffe ich an der Kasse,

Marc. Nachdem sich meine erste Aufgeregtheit gelegt hatte, gingen wir in ein Café.«

»Oh! War es eure erste Begegnung nach der Scheidung?«

»Ja, es war die erste, vor der ich mich immer gefürchtet habe. Aber das war nicht das Schlimmste. Das Schlimmste war, dass ich nach der Begegnung in Tränen ausgebrochen bin. Ich habe mir eingestehen müssen, noch Gefühle für ihn zu haben.«

Manfred sagte nichts. Er kannte Marie seit vielen Jahren. Und er wusste, wann Zuhören und Schweigen angesagt war.

»Nun«, fuhr Marie fort. »Natürlich habe ich mit Helen über die Begegnung gesprochen. Sie hat mir geraten, Marc ein kleines Stückchen in meinem Herzen zu gewähren. So oder ähnlich hat sie sich ausgedrückt. Ich kann mich nicht mehr an den genauen Wortlaut erinnern.«

Manfred nickte und nippte an seinem Kaffee.

»Darüber habe ich mir vielerlei Gedanken während der Feiertage gemacht. Helen hat mir auch gesagt, dass ich meine Gefühle nicht leugnen könne, weil sie ja schließlich echt seien. Nur wie ich mit ihnen umgehe, würde ich entscheiden. Wie immer klingt alles logisch, was meine liebe Schwester mir sagt.«

»Und für welchen Weg hast du dich entschieden, Marie?«

»Ich habe beschlossen, die Gefühle anzuerkennen, und dankbar dafür zu sein, dass ich mit Marc viele glückliche Jahre zusammen war.«

»Boah! Marie. Das finde ich ehrlich gesagt klasse.«

»Ich auch, Manfred. Das hätte ich mir früher niemals zugetraut. Ein Buch, das Helen mir gegeben hat, hat mir ebenfalls geholfen. Eigenliebe ist darin ein großes Thema. Und dass Liebe an sich die Lösung für viele Probleme ist.«

»Ja, ja, die Liebe. Wer die wohl wirklich versteht?«, folgerte Manfred und kratzte sich am Kopf.

»Nach den Weihnachtsfeiertagen habe ich viel Zeit damit verbracht, über all das nachzudenken, und habe begonnen, Tagebuch zu führen. Und einen weiteren Entschluss gefasst. Ich will wieder glücklich leben. Und werde alles dafür tun, dass ich dazu in der Lage bin.«

»Kluge Entscheidung, Marie. Das könnte ich auch mal ausprobieren. Da fällt mir das alte Sprichwort ein, dass ich vor kurzem an einem Schaufenster in Köln gesehen habe. *Jeder ist seines Glückes Schmied.* Das kennen die meisten. Jemand hat handschriftlich darunter ergänzt: Ja, aber wer hat das Handwerk schon gelernt.«

»Das mag ich«, begeisterte sich Marie. »Mir fällt dazu ein, dass Handwerkszeug für das Handwerk Glück existiert.«

»Und welches? Würde mich brennend interessieren.« Manfred spitzte die Ohren.

»Na, weise Menschen und aussagekräftige Bücher, die uns helfen ein Bewusstsein zu entwickeln, wie wir ein glückliches Leben führen können. Und Vergebung, um unsere Wunden zu heilen.«

»Und lernen, was wir nicht für unser Glück brauchen. Was uns daran hindert. Menschen, die uns ständig kritisieren und unsere Energie absaugen wie ein Hochleistungsstaubsauger. Zu erkennen, welchen Schwachsinn wir nicht brauchen«, ergänzte Manfred und lachte. Marie stimmte in sein Lachen mit ein.

Die Pause war zu Ende. Sie gingen zurück an ihre Arbeitsplätze. Während der Mittagspause, in einem nahe gelegenen Restaurant, tauschten sie sich weiter über Maries neue Erkenntnisse aus. Der Arbeitstag fand an jenem Tage ein reguläres Ende. Es war die ruhigste Zeit im Jahr. Es würden Wochen und Monate folgen, in denen sie viele Überstunden leisten müssten. Ein Zehn- oder Zwölfstundentag war dann nichts Außergewöhnliches. Und eine Sechstagewoche ebenfalls nicht. Nicht nur Marie hatte die vielen Überstunden oft gespürt. Ihr Körper hatte mit kleineren und auch größeren Wehwehchen reagiert. Manfred hatte nach seinen 93 Überstunden, die er innerhalb dreier Wochen geleistet hatte, im Urlaub eine schmerzvolle Gürtelrose bekommen. Der Arzt hatte ihm versichert, dass die Ursache seiner Erkrankung die vielen Überstunden waren. Aufgrund der Überlastung sei der Körper nicht in der Lage gewesen, den Stress zu kompensieren. Manfred war damals stolz, von dem Geld, das er für die Überstunden erhalten hatte, seinen Urlaub finanziert zu haben. Wenn er nun Stress spürte, reagierte sein Körper mit einer Reizung an der Schulter, an dem die Gürtelrose von der Brust aus ihr Ende gefunden hatte. Seitdem hatte er versucht, seine Überstunden zu reduzieren. Was wegen der hohen Auftragslage nicht immer möglich war. Wer in der Druckerei Keller arbeitete, wusste, was verlangt wurde. Und dazu gehörten regelmäßige Überstunden, die selbstverständlich gut bezahlt wurden.

Der Frühling war durchwachsen. Es regnete hin und wieder, doch Marie brauchte ihre Winterjacke nicht mehr. Sie liebte die frischen Blättchen an den Bäumen im Park, wenn sie, von der Sonne verwöhnt, in glänzendes Licht getaucht wurden. Mit der zunehmenden Wärme stieg auch ihre Lebensfreude. Sie kaufte sich bunte Sommerkleider, neue Schuhe und neue Jeans. Ihr war nach Leben, ihr war nach Liebe.

Marie hatte sich vorgenommen, von nun an wieder Festlichkeiten aufzusuchen, die ein manches Mal direkt vor ihrem Balkon stattfanden. So begab sie sich aufs Fest der Wohngemeinschaft. Eine Band spielte Songs aus den Sechzigern und Siebzigern, die sie mochte. Dieter befand sich ebenfalls unter den Gästen und bot ihr ein Bier an. Sie lehnte dankend ab und begnügte sich mit Apfelsaftschorle. Mit Dieter redete sie länger über den Wohnpark und die Neuigkeiten, die es zur Genüge gab. Er hatte eine besondere Gabe zuzuhören. Nur wenige Männer konnten das. Die rheinische Kultur hatte den Menschen übermäßiges Reden, Fröhlichkeit und den Humor mit in die Wiege gelegt. Zuhören war jedoch nicht ihre Stärke. Marie mochte die Kölner, die Rheinländer mit ihrem sonnigen, optimistischen Humor.

Sie traf noch andere Bekannte, führte einige Gespräche und ging bald schon nach Hause. Irgendwie fühlte sich ihr Leben hoffnungsvoller an. Und das beflügelte sie. Es beflügelte sie dermaßen, dass sie sich für einen Tanzkurs in Frechen anmeldete. Salsa, Foxtrott und Samba sollten es sein. Der erste Kurs riss sie nicht wirklich zu Beifallsbekundungen hin. Es war eher steif. Wahrscheinlich, weil sich die Teilnehmer erst beschnuppern mussten. Die meisten waren älter als sie. Was sie anfangs erstaunte. Beim zweiten Kurs lernte sie Uwe kennen, der etwas jünger war. Uwe hatte kräftiges, braunes Haar, braune, lustige Augen und ein wenig Übergewicht, das ihm allerdings gut zu Gesicht stand. Sie mochten sich von Anfang an und tanzten die meisten Tänze zusammen. Uwe lernte schnell, wie auch sie. Ihr neuer Bekannter machte den Vorschlag, einmal die Woche abends gemeinsam tanzen zu gehen. Sie stellten fest, dass Köln und das Einzugsgebiet einiges an Tanzveranstaltungen aufzuweisen hatten.

Marie freute sich jedes Mal auf die Treffen mit Uwe. Und er anscheinend auch. An einem dieser Abende in Köln tanzten sie vergnügt auf der Tanzfläche, als sich Maries Blick plötzlich verfinsterte. Soeben war Marc mit einer Schwarzhaarigen an ihr vorbeigetanzt. »Was ist los, Marie? Hast du ein Gespenst gesehen?«, fragte Uwe.

»Ehm – nein, wieso? Ich möchte mich für einen Moment hinsetzen, fühle mich etwas müde.«

»Wie du magst, Marie.« Sie gingen zu ihrem Tisch. Marie nahm einen kräftigen Schluck aus ihrem Wasserglas und schaute zur Tanzfläche. Marc war ein ausgezeichneter Tänzer. Und seine Neue schien ihm in nichts nachzustehen.

Marc glaubte, sich versehen zu haben. Conni hatte mitbekommen, dass sich in Marcs Augen etwas verändert hatte. Doch sie wollte nicht gleich fragen, weil sie den Abend mit ihm genoss. Seit ihrem letzten Streit hatten sie eine gute Zeit gehabt. Marc war ein gefühlvoller Mann, der Streit nicht ausstehen konnte. Normalerweise ging er jeder Auseinandersetzung aus dem Weg. Über Probleme redete er ebenfalls ungern, weil er keine zu haben schien. Die

Wahrheit lag irgendwo dazwischen. Er kehrte seine Probleme unter den Tisch. Das war natürlich keine Lösung, denn die meisten Probleme lösten sich nicht von allein.

Marc hatte der Anblick Maries einen Stich ins Herz versetzt. Sie sieht noch immer bezaubernd aus, dachte er. Und wie sie beschwingt zu der Musik getanzt hat. Er kannte sie nicht als gute Tänzerin. Sie hatte es anscheinend gelernt. Der Mann an ihrer Seite sah ganz nett aus. Während Marc darüber nachdachte, wurde er traurig. Wie gerne hätte er Marie und nicht Conni in seinen Armen gehalten und mit ihr getanzt. So wie in ihren glücklichsten Zeiten. Nach dem Tanz gingen Conni und Marc zu ihrem Tisch und tranken Wein. Marc schaute sich um, fand Marie jedoch nicht. Sie saß an einem Ecktisch, der nicht von allen Seiten einsehbar war.

»Stimmt etwas nicht mit dir, Marie?«, fragte Uwe sie.

»Es geht mir nicht gut. Wahrscheinlich irgendetwas mit dem Magen. Ich möchte gerne nach Hause.«

»Gut, ich zahle, dann können wir gehen.«

»Tut mir wirklich leid, Uwe. Danke für dein Verständnis.«

»Ist schon gut, jeder hat mal einen schlechten Tag.« Uwe ging zur Bar und bezahlte die Rechnung. Dann kam er zurück zum Tisch und nahm seine Jacke. Marie war schon aufgestanden. Als Conni Marcs Blick folgte und das Paar sah, das sich zur Tür begab, wusste sie, was los war.

»War das Marie?«, fragte sie ihn.

Marc nickte. »Ja, das war Marie.«

»Jetzt kommt sie auch noch hierher, wo wir tanzen. Ich habe langsam genug von ihr. Sie scheint dich ja zu verfolgen.«

»Ich kann doch nichts dafür, dass sie in dieses Tanzlokal kommt.«

»Das weiß ich, dass du nichts dafür kannst. Trotzdem ist sie hier aufgetaucht.«

»Ja! Ja! Aber das erste Mal überhaupt.«

»Ist doch egal, ob es das erste Mal war. Sie ist aufgetaucht. Du glaubst doch nicht wirklich, dass ich noch mal mit dir hierherkomme.«

»CONNI! Fängst du schon wieder an mit deiner blöden Eifersucht?«

»ICH FANGE ÜBERHAUPT NICHTS AN! Und ehrlich gesagt, habe ich absolut keine Lust mehr auf deine blöde Marie.«

»Sie ist keine blöde Marie. Damit das mal klargestellt ist.«

»Du kannst ja wieder zu ihr gehen, wenn du willst. Wie es aussieht, liebst du sie sowieso mehr als mich.«

»Conni! Jetzt höre mir bitte einen Moment mal zu. Bitte!«

»Ich höre überhaupt nicht zu.« Conni sprang auf, sodass der Stuhl zu Boden fiel. Sie nahm ihren Mantel, die Handtasche und stürmte aus dem Lokal. Alle Blicke waren auf sie gerichtet. Marc schüttelte nur den Kopf. Was konnte er dafür, dass sich Marie ausgerechnet das gleiche Tanzlokal ausgesucht hatte wie sie. Er ging zur Bar, zahlte die Rechnung und bestellte sich ein Taxi.

Verrückte Welt, dachte er. Das alles hätte ich mir ersparen können, wenn ich im Urlaub nicht so viel getrunken hätte. Dann wäre mir das mit der Frau niemals passiert. Ich habe Marie zu innig geliebt, um ihr das anzutun. Irgendwie war das damals in Spanien wie ein Gruppenzwang. Wir waren zu siebt. Und ich war der Einzige, der verheiratet war. Die anderen hatten es alle auf ein Abenteuer abgesehen. Und der Frauenkegelclub, der zufällig in unserem Hotel war, hatte nichts anderes im Sinn. Moment mal, zufällig in unserem Hotel war? Vielleicht war das überhaupt kein Zufall. Einer seiner Freunde kam ihm in den Sinn. Der schien doch einige der Mädels zu kennen. Marc dachte weiter nach. Er stutzte, nahm sein Handy und rief den Freund an.

»Hallo«, meldete sich jener. »Hallo, hier ist Marc. Ich habe eine Frage und möchte, dass du mir eine ehrliche Antwort darauf gibst.«

»Oh, Marc, das hört sich aber spannend an. Schieß los.«

»Bei unserer letzten Tour damals auf Mallorca, die Frauen, die in unserem Hotel waren, kanntest du einige von denen? Oder hast du dich etwa mit ihnen verabredet?«

»Ich kannte zwei von denen. Es war keine direkte Verabredung. Ich habe ihnen nur erzählt, wann wir in welchem Hotel gebucht haben. Das habe ich dir doch damals gesagt. Weißt du das nicht mehr? Du warst zwar besoffen, doch dachte ich, dass du noch etwas mitbekommst.«

»Danke, bis dann.« Marc beendete wütend das Gespräch und versuchte sich Bilder von der Tour ins Gedächtnis zu holen. Es gelang ihm nicht wirklich. Warum hatte er nur so viel getrunken. Mit dem Bier, Wein und Sangria wäre er klargekommen. Doch die Kurzen dazwischen hatten ihm den Rest gegeben. Seit der Tour trank er nur noch gelegentlich Bier oder Wein. Er konnte die Katerstimmung am nächsten Tag nicht mehr ertragen. Es waren nicht nur die Kopfschmerzen. Das Schlimmste war die deprimierende Stimmung. Übermäßiges Trinken hatte ihn immer schon heruntergezogen.

Während der Taxifahrt fasste er den Entschluss, Marie in den nächsten Tagen anzurufen. Er musste sich eingestehen, dass er sie noch immer liebte. Vielleicht mehr als jemals zuvor. Conni war das genaue Gegenteil von ihr. Wenn er nur daran dachte, nach Hause zu kommen, wurde ihm übel.

Die Fahrt nach Bachem dauerte nicht lange. Er bezahlte den Taxifahrer, stieg aus und ging auf sein Haus zu. Eine tiefe Traurigkeit erfüllte ihn, als er die Tür aufschloss. Conni saß vor dem Fernseher und trank Gin und Tonic. »Ah! Auch schon da? Das hat ja nicht lange gedauert.«

»Conni, lass uns morgen über alles reden. Ich bin zu müde und gehe ins Bett.«

»Ja, ja, morgen. Wir reden morgen«, antwortete sie teilnahmslos.

Marc zog seine Sachen aus, warf sie entgegen seiner Gewohnheit auf den Boden und ging ins Bett. Am nächsten Tag unternahm er einen Spaziergang und wählte Maries Nummer.

Marie sah sich die Nummer auf ihrem Handy an. Sie hatte sie nicht gelöscht, warum und weshalb auch immer. Sie überlegte, ob sie das Gespräch annehmen sollte. Entschied sich letztendlich dafür.

»Hallo.«

»Hallo, Marie, danke, dass du das Gespräch angenommen hast.«

»Schon gut, Marc. Was ist so dringend, dass du mich anrufst?«

»Na ja – dringend ist es nicht. Ich habe dich gestern im Tanzlokal in Köln mit einem Mann gesehen, als ihr gegangen seid.«

»Ja, ich habe dich ebenfalls gesehen.«

»Ich hatte anschließend Streit mit Conni. Während des ganzen Theaters ist mir bewusst geworden, ehm – ist mir klar geworden, dass da noch Gefühle für dich sind. Ich meine – du weißt schon, was ich sagen will.«

Marie schwieg eine Weile.

»Marie! Bist du noch da?«

»Ja, ich bin noch hier.«

Marie wusste nicht, was sie sagen sollte. Sollte sie ihm etwa sagen, dass auch sie noch Gefühle für ihn empfand?

»Marie, was hältst du davon, wenn wir in den nächsten Tagen einen Kaffee zusammen trinken?«

Marie wusste nicht wirklich, was sie ihm antworten sollte.

»Oder, wenn du möchtest, rufe ich in den nächsten Tagen noch einmal an. Dann kannst du es dir bis dahin überlegen. Ist das in Ordnung für dich?«

»Ja, ist in Ordnung für mich, Marc. Das kommt nur alles etwas überraschend.«

»Kann ich gut verstehen. Tut mir leid, dass ich dich gestört habe.«

»Ja, bis dann.«

»Einen schönen Tag noch, Marie.«

Marie wusste nicht, wie ihr geschah, zog sich an und ging spazieren. Einerseits hatte sie sich über Marcs Anruf gefreut, andererseits machte er ihr Angst. Er würde sie wieder anrufen. Sollte sie seiner Bitte nachkommen und sich mit ihm treffen? Sie konnte sich nicht entscheiden und dachte an Uwe, den sie aufrichtig mochte. Er war ein unkomplizierter, netter Kerl mit Humor. Ob das für eine Beziehung ausreichte, wusste sie nicht. Es war halt eine freundschaftliche Beziehung. Einen Kuss hatte es zwischen ihnen noch nicht gegeben. An mehr wollte sie erst einmal nicht denken. Wollte sie nicht, hatte sie aber. Sie hatte sich schon vorgestellt, mit ihm ins Bett zu gehen. Lange, viel zu lange hatte sie nicht mehr mit einem Mann geschlafen. Sie sehnte sich nach einem Kuss, nach Zärtlichkeit, einer Umarmung, nach Streicheln und mehr.

Sie ging zurück in ihre Wohnung und schon bald ins Bett. Auch ihre Bücher waren im Moment keine große Hilfe. Sie gaben zwar vielerlei Antworten, doch konnten sie keinerlei Gefühle und Sehnsüchte wegzaubern. Warum muss auch alles so kompliziert sein, war ihr letzter Gedanke, bevor sie einschlief.

Auf der Arbeit sprach sie mit Manfred während der Frühstückspause über Marcs Anruf. Er konnte ihr keine passablen Lösungen anbieten. Er hatte sie gefragt, ob noch Gefühle für Marc in ihr seien, und ihr gesagt, dass es keine Lösung sei, Gefühle zu leugnen. Marie konnte sich an diesem Tag nicht auf ihre Arbeit konzentrieren.

Sie machte ungewöhnlich viele Fehler, sodass der Juniorchef sie fragte, ob alles mit ihr in Ordnung sei. Er kannte sie nur zu gut. Weil sie davon überzeugt war, dass ihr in der jetzigen Lage nur eine helfen konnte, rief sie Helen an. Sie verabredeten sich für den nächsten Tag zu einem Abendessen beim Italiener. Helen liebte solche Abende mit ihrer Schwester. Dann kümmerte sich Hans um die Kinder.

Ihr Lieblingsitaliener befand sich in Brühl. Kurz vor sieben erschienen sie fast gleichzeitig. Sie hatten einen Tisch reserviert und wurden von dem Inhaber Salvatore, den sie seit Jahren kannten, freundlich per Handschlag begrüßt.

»Guten Abend, die Damen, den gleichen Tisch wie immer?«

»Hallo, Salvatore. Ja, bitte.« Salvatore begleitete sie zu ihrem Lieblingstisch, nahm ihre Jacken ab und brachte kurze Zeit später zwei Speisekarten und eine Weinkarte. Obwohl er wusste, dass Marie keinen Alkohol trank und Helen ein Glas Chianti Classico. Den Gästen die Karten zu reichen, gehörte zu seinem Zeremoniell. Marie bestellte Tagliatelle und Helen Spaghetti Carbonara, die sie über alles liebte. Und Salvatores Koch bereitete sie wie in Italien zu. Ohne Sahnesauce, so waren sie leichter bekömmlich.

»Was gibt es, Marie, das du mir sagen möchtest?«

»Marc hat mich angerufen. Ich habe mich gewundert, dass ich seine Nummer überhaupt noch gespeichert habe.«

»Und, was hat er gesagt?«

»Er hat mir gesagt, dass er noch Gefühle für mich hat.«

»Das kann ich mir gut vorstellen.«

»Und«, fuhr Marie fort, »Uwe und ich waren in dem beliebten Tanzlokal in Köln. In der Nähe vom Dom. Ich komme im Moment nicht auf den Namen. Aber du kennst es. Wir waren vor Jahren einmal gemeinsam dort.«

»Ich erinnere mich.«

»Uwe wollte dorthin. Ich mag das Lokal und die Musik ist ebenfalls ansprechend zum Tanzen. Wir hatten einen harmonischen Abend, bis Marc mit seiner Neuen auftauchte. Danach konnte ich nichts mehr genießen. Wir sind gegangen. Marc hat mir während des Telefonats gesagt, dass er mich mit Uwe gesehen hat, als wir das Lokal verließen.«

»Vielleicht sind das alles keine Zufälle, dass du Marc nun wieder begegnest.«

»Keine Zufälle? Ach, Helen, ich weiß nicht.« Salvatore brachte Helen ein Glas Wein und Marie ein Mineralwasser. Einen Korb mit Brot stellte er in die Mitte des Tisches.

»Bitte sehr, die Damen.«

»Danke, Salvatore«, sagte Helen.

»Marie, wir haben schon beim letzten Mal über Gefühle gesprochen.«

»Ich will sie ja nicht leugnen, Helen. Manfred habe ich ebenfalls gesagt, dass ich noch Gefühle für Marc habe.«

»Das finde ich ehrlich gesagt gut, Marie. Weil es schließlich der Wahrheit entspricht.«

»Ja, es ist die Wahrheit. Das macht das Ganze ja so kompliziert. Mir wäre es lieber, wenn es anders wäre.«

»Wieso, Marie? Vielleicht hat es einen tieferen Sinn, dass noch Gefühle für Marc in dir leben.«

Das Essen kam. Es roch himmlisch.

»Guten Appetit«, wünschte Helen.

»Guten Appetit, Marie.«

Es schmeckte köstlich.

»Welchen tieferen Sinn soll das denn haben?«, hakte Marie nach.

»Na ja, überleg doch mal. Möglicherweise will das Schicksal, dass ihr wieder zueinanderfindet.«

Marie schwieg. Tief in ihrem Herzen schlummerte dieser Wunsch wahrscheinlich in einer klitzekleinen verborgenen Nische.

»Ach! Helen, ich weiß manchmal überhaupt nicht mehr, was ich fühle, was ich will oder was auch immer. Ich fühle mich müde und ganz einfach überfordert, wenn ich immer wieder damit konfrontiert werde. Es verwirrt mich. Ich will die ganzen Gefühle und Gedanken nicht mehr. Dazu gesellen sich auch noch Gedanken und Gefühle, oder sind es überhaupt Gefühle, für Uwe.«

Helen sah ihre Schwester mitfühlend an und legte die Hand auf deren Arm. »Marie, lass uns über etwas anderes reden. Mit der Zeit wird Klarheit in dein Leben Einzug halten.«

Marie konnte an diesem Abend ihr Essen nicht wirklich genießen. Am liebsten hätte sie einige Gläser Wein getrunken.

Marie erschrak, als sie Marcs Nummer am nächsten Tag auf ihrem Display sah. Ihr erster Gedanke war, das Gespräch nicht anzunehmen. Sie entschied sich anders. »Hallo.«

»Hallo, Marie.«

»Hallo, Marc.«

»Wie geht es dir?«

»Ehrlich gesagt, geht es mir nicht gut, Marc.«

»Oh! Das tut mir leid. Kann ich etwas für dich tun, damit es dir besser geht?«

Ihr erster Gedanke war: Verschwinde aus meinem Herzen und meinem Leben, dann geht es mir besser.

»Marc, ich weiß ehrlich nicht mehr, was ich sagen und machen soll.«

»Wie wäre es mit einem Kaffee am Samstag in Frechen?«

Schweigen.

»Na gut, in Ordnung, gegen zwölf dort, wo wir uns das letzte Mal getroffen haben.«

»Danke, Marie. Ich freue mich auf Samstag.«

Fast hätte Marie gesagt: ich auch. Sagte es aber nicht.

»Ja, bis Samstag«, antwortete sie und beendete das Gespräch. Sie fühlte eine unendliche Leere und Müdigkeit. Doch da war ein kleiner Lichtblick, der ihr Hoffnung gab. Wahre Liebe endet nie, hatte sie einmal gelesen. Liebe kann nicht sterben. Liebe lebt ewig. Liebe lebt aus sich. Liebe ist die größte Macht in dieser Welt. Marie nahm ein Taschentuch und trocknete ihre Tränen.

Uwe kochte leidenschaftlich gern. Natürlich wollte er seine Kochkünste irgendwann Marie vorführen. Obwohl Marie bewusst war, dass sie in Uwes Haus allein wären, verabredeten sie sich für Freitagabend. Uwe wohnte nicht weit von Frechen entfernt in Köln-

Müngersdorf. Gegen acht erschien Marie mit einer Flasche Rioja, weil sie wusste, dass Uwe den Wein mochte. Sie begrüßten sich herzlich mit einem Kuss auf die Wange.

»Ich freue mich so sehr, dass du endlich meiner Einladung nachgekommen bist.«

»Und ich freue mich auf ein gutes Abendessen.«

»Das sollst du haben. Gib mir bitte deine Jacke und folge mir dann in die Küche. Du könntest mir beim Salat behilflich sein.«

»Gerne, Uwe.«

Auf dem Weg zur Küche stieg Marie ein verführerischer Duft in die Nase. Lasagne, dachte sie. Uwe hatte schon alles bestens vorbereitet. »Ich habe extra mit dem Salatdressing gewartet, weil ich nicht wusste, ob du Balsamico-Essig magst.«

»Ich liebe Balsamico.«

»Schön, dann haben wir den gleichen Geschmack. Du kannst gerne den Salat anmachen und so viel Balsamico und Olivenöl verwenden, wie du magst.«

Marie nahm sich das Meersalz, streute es über den Salat und gab aus der riesigen Pfeffermühle frischen Pfeffer dazu. Anschließend ließ sie so viel Balsamico über den Salat laufen, wie sie glaubte, dass es auch Uwes Geschmack traf. Das italienische Olivenöl gab dem Salat, was er noch brauchte. Uwe streute als letzten Kick einige frische Kräuter aus dem Garten darüber.

Der Tisch im Esszimmer war festlich mit zwei roten, langen Kerzen und weißen Stoffservietten gedeckt. Marie fühlte sich wohl. Ihre anfängliche Unruhe hatte sich gelegt. Uwe öffnete die Flasche Rioja, stellte sie auf den Tisch und holte anschließend die Auflaufform aus dem Backofen. »Kann ich dir helfen, Uwe?«

»Ja, gern. Könntest du bitte die Unterlage dort drüben auf den Tisch legen?«

Marie holte die Unterlage und legte sie auf den Tisch.

»Danke.«

»Gerne.«

Nachdem alles seinen Platz auf dem Esstisch gefunden hatte, servierte Uwe zuerst den Salat.

»Buon appetito, Marie. Ich hoffe, es schmeckt dir in Uwes Feinschmeckerrestaurant.«

Er schenkte ihr ein bezauberndes Lächeln und hielt ihr sein Glas Wein hin.

»Guten Appetit. Ich bin davon überzeugt, dass es ausgezeichnet schmeckt, Uwe.«

Marie stieß mit ihrem Mineralwasser an.

»Was sind deine Pläne für dieses Jahr?«, fragte Uwe.

»Meine Pläne für dieses Jahr? Ja, was sind meine Pläne? Gute Frage. Erst einmal möchte ich, dass es mir gut geht. Ich habe mir vorgenommen, herauszufinden, wie ich wieder glücklich leben kann.«

Uwe fühlte eine gewisse Traurigkeit in den Worten. »Wenn ich etwas dazu beitragen kann, Marie, dann mache ich das gerne.«

»Danke, Uwe. Das ist nett von dir. Du trägst heute ja schon einiges dazu bei, mit deiner Einladung und dem Essen.«

»Das freut mich, Marie.«

Die Lasagne war köstlich. »Wo hast du überhaupt kochen gelernt, Uwe?«

»Mario, einer meiner Freunde, hat italienische Wurzeln. Und liebt gutes Essen und Kochen. Er hat mir einige Tricks verraten, die eigentlich keine Tricks sind. Das beste Essen überhaupt ist Omas Küche, hat er mir versichert. Und was noch wichtig ist, sind frische Lebensmittel, die möglichst aus der jeweiligen Region stammen. Sein Lieblingsgericht sind hausgemachte Spaghetti mit frischen Tomaten, Tomatensauce und frischem Basilikum. Und natürlich ein guter Salat. Mario hat mir versichert, dass die besten Tomaten unter Italiens Sonne wachsen und ihren vollen Geschmack entfalten, wenn sie kurz nach der Ernte verzehrt werden. Das Gleiche gilt für Salat und Gemüse, denen er ansieht, ob sie frisch sind oder nicht. Auch würde er auf dem Markt den Menschen in die

Augen sehen. Freundliche, herzensgute Menschen haben die besten Produkte. Genauso wäre es in Restaurants. Bevor Mario zum ersten Mal in einem Restaurant essen geht, schaut er sich die Kellnerinnen und Kellner an. Und wenn es möglich ist, den Inhaber oder besser noch den Koch. Schlecht gelaunte Menschen können nichts wirklich Köstliches kochen oder servieren, ist seine Überzeugung.«

»Da ist etwas dran, Uwe. Das glaube ich auch. Wenn jemand mit Liebe kocht, dann kann das nur gut werden. Die Lebensmittel sollten natürlich möglichst frisch sein. Wenn ich im Urlaub bin, dann gehe ich immer dort essen, wo sich viele Einheimische aufhalten. Denn diese gehen nur in Restaurants, in denen das Essen ausgezeichnet ist. Ich liebe die italienische, französische und spanische Küche.«

»Dann haben wir noch eine Gemeinsamkeit. Und nun kommt der Nachtisch«, grinste Uwe, stand auf und ging in die Küche. Kurze Zeit später erschien er mit einer Form, die mit einem Tuch abgedeckt war. Als wenn er ein Zauberstück vorführen wollte, enthüllte er sein Werk.

»Tiramisu, voilà.«

»Es sieht so aus, als wenn es ebenfalls vorzüglich ist.«

»Probiere es und dann kannst du mir sagen, was du davon hältst.«

Uwe legte ihr fachmännisch ein Stück auf den Teller.

»Mmmm! Uwe, da hast du dich selbst übertroffen. Das macht kein Italiener besser.«

»Das Rezept ist von Marios Oma. Ich musste ihm versprechen, es nicht weiterzugeben. Tut mir aufrichtig leid.«

»Ist schon in Ordnung, Uwe. Ich finde es nur zu gut, wenn sich jemand an Versprechen hält.«

»Danke für dein Verständnis.« Uwe nippte an seinem Glas Wein. »Der Rioja ist ausgezeichnet. Du kennst dich aus mit Weinen.«

»Mein Schwager ist der Experte. Er kennt einen Weinhändler und verbringt viel Zeit in Spanien.«

Marc ging zur Musikanlage und überlegte, welche Musik passend wäre. Nach kurzer Überlegung wählte er Tanzmusik. Zum Essen hatte er sich für klassische Musik entschieden. Leise klassische Hintergrundmusik, die Marie gefiel, wie er wusste. Uwe ging zurück zum Tisch. Zwischen den beiden Kerzen sahen sie sich schweigend an. Dann dachte Uwe, ich sage es ihr einfach.

»Marie, du siehst hinreißend aus.«

»Danke, Uwe. Und danke für den bezaubernden Abend und das vorzügliche Essen. Solch einen schönen Abend habe ich schon lange nicht mehr erlebt.«

»Das freut mich sehr, Marie. Ich wünsche dir noch viele schöne Abende in deinem Leben. Ehm – möchtest du tanzen?«, fragte er zaudernd und nahm einen Schluck aus seinem Weinglas.

»Gerne, Uwe.«

Sie standen gleichzeitig auf und begannen mit einem Langsamen Walzer. Marie liebte Walzer. Während des Tanzes nahm Marie jede Berührung wahr. Uwes Hand lag fest und einfühlsam in ihrer. Sie spürte ebenso seine Hand auf ihrer Schulter. Mit jeder Tanzbewegung fühlte sie sich beschwingter. Eine angenehme Wärme breitete sich in ihrem Körper aus. Uwe ging es nicht anders. Sie schauten sich tief in die Augen und verloren sich darin. Wie von geführter Hand näherten sich ihre Münder. Dann küssten sie sich. Marie wurde heiß. Uwe hatte das nicht geplant. Gewünscht hatte er es sich schon lange. Doch wollte er nichts überstürzen. Im Laufe der Zeit hatten sich ehrliche Gefühle für Marie bei ihm eingestellt. Er hatte auch nicht geplant, sich mit ihr auf das Sofa zu setzen. Es geschah einfach so. Er öffnete langsam ihre Bluse und den BH und streichelte ihre warmen, weichen Brüste. Es kochte in ihm. Marie war sich nicht sicher, ob sie das überhaupt wollte, doch sie ließ es geschehen und genoss es. Zu lange schon hatte sie es vermisst. Sie entkleideten sich. Uwe drang behutsam in sie ein. Sie liebten sich lange. Marie war glücklich in diesem Moment. Eng umschlungen vergaßen sie die Zeit und lauschten der Musik.

»Danke, Marie, das war wunderschön.«

»Danke dir, Uwe. Das war wirklich wunderschön.«

»Möchtest du die Nacht bei mir verbringen?«, fragte Uwe. Marie dachte nach.

»Ich fahre lieber nach Hause, Uwe. Sei mir bitte nicht böse.«

»Wie sollte ich dir nach so einem romantischen Abend böse sein. Du hast mich glücklich gemacht.«

»Danke für dein Verständnis.«

Marie nahm ihre Kleider und ging ins Bad. Sie schaute in den Spiegel und fragte sich, ob sie das wirklich gewollt hatte. Es war schön, sagte sie sich. Was daraus entstehen würde, wusste sie nicht. Musste sie zum jetzigen Zeitpunkt auch nicht wissen. Sie wusch sich übers Gesicht und ging zurück ins Wohnzimmer. Uwe hatte sich mittlerweile wieder angezogen.

»Ich gehe jetzt«, sagte Marie.

»Ja, gut.« Uwe brachte ihr die Jacke. Sie waren beide verlegen. Zum Abschied gab Uwe Marie einen flüchtigen Kuss.

»Ich rufe dich an, Uwe. Und nochmals vielen Dank für den Abend.«

»Danke dir, Marie. Gute Heimfahrt.«

Während der Fahrt dachte Marie unentwegt an Marc. Bilder ihrer innigsten, intimsten Stunden kamen und gingen. Mit Uwe war es schön gewesen. Doch bei Marc war irgendetwas Entscheidendes anders. Es war Liebe. Ich habe mit Uwe geschlafen. Auf eine gewisse Weise bereute sie es. Andererseits auch nicht. Ist auch egal, dachte sie. Es ist geschehen und damit hat es sich. Morgen bin ich mit Marc verabredet, fiel ihr ein. Auch das noch. Irgendwie schien nun alles noch komplizierter zu sein. Ich könnte Marc anrufen und absagen.

Am nächsten Tag befand sie sich in ihrem Wagen auf dem Weg nach Frechen. Sie hatte den Rest der Nacht keinen Schlaf gefunden. Unzählige Gedanken gingen ihr durch den Kopf. Marc und Uwe hatten von ihr Besitz ergriffen. Sie konnte an nichts anderes mehr denken. Marc lebte seit einiger Zeit in einer Beziehung. Sie waren seit über drei Jahren geschieden. Was also sollten die ganzen Gedanken an ihn? Sie wären nicht verstärkt aufgekommen, wenn sie sich nicht im Supermarkt getroffen hätten. Und dann im Tanzlokal. Weshalb sie sich heute wieder mit Marc treffen wollte, wusste sie nicht wirklich. Und ausgerechnet am gestrigen Tag hatte sie zum ersten Mal nach der Trennung mit einem anderen Mann geschlafen.

Sie fuhr ins Parkhaus des Supermarktes, stieg aus dem Wagen und ging auf den Ausgang zu. Es kam ihr vor, als wenn sie sich in Zeitlupe fortbewegte. Marc war schon im Café, als sie eintraf. Er hatte sich einen Tisch in der Ecke ausgesucht. Als er sie sah, stand er auf und ging auf sie zu.

»Hallo, Marie, danke, dass du gekommen bist.«

»Hallo, Marc.«

Sie reichten sich die Hände. Marie spürte etwas wie einen leichten Stromschlag und dachte an ihr letztes Treffen, bei dem sie sich nicht mit einem Handschlag begrüßt hatten. Wieso also heute, fragte sie sich und hätte nicht vermutet, dass die bloße Berührung seiner Hand heftige Gefühle in ihr auslösten. Sie setzten sich.

»Wie geht es dir, Marie?«

»Wie es mir geht? Ehrlich gesagt, weiß ich es nicht. Im Grunde genommen geht es mir gut. Doch – na ja, ich weiß auch nicht.«

»Ich habe es im Nachhinein bereut, dir es am Telefon gesagt zu haben. Du weißt, was ich meine. Nur – es ist die Wahrheit.«

»Das ist in Ordnung, Marc. Mit der Wahrheit kann ich leben. Mit Lügen nicht.«

Marie bestellte einen Kaffee und Marc einen doppelten Espresso. Irgendwie kam kein richtiges Gespräch zustande. Marie bereute in jenem Moment, zugesagt zu haben. Sie hatte

Schwierigkeiten, Marc in die Augen zu schauen. Die gleichen Augen, die ihr viele Jahre so vertraut waren. In diesen Augen hatte sie sich früher gern verloren. Sie hatte ihm auch gern in die Augen geschaut, wenn sie sich liebten. Seine Leidenschaft und Freude hatte sich in seinen Augen widergespiegelt. Und während sie daran dachte, schossen zwischendurch zu allem Überfluss auch noch Bilder vom gestrigen Abend durch ihren Kopf.

Marc bemerkte, dass irgendetwas Befremdliches in Marie vor sich ging. Er fragte allerdings nicht nach.

»Wie geht es Helen, Hans und den Kindern?«

»Denen geht es gut, wie immer. Sie scheinen das Glück gepachtet zu haben. Was mich sehr freut. Es ist einfach eine wundervolle Familie. Ich schätze mich glücklich, solch eine Schwester zu haben.«

Marc war ein Einzelkind, das glücklicherweise als junger Erwachsener aus der Rolle des Prinzen, die ihm seine Mutter zugestanden hatte, herausgewachsen war. Er war immer ein guter Ehemann gewesen. Einen besseren hätte sie sich nicht wünschen können. Marcs Beziehung zu seinen Eltern war im Grunde genommen keine mehr. Sie waren zu verschieden, hatte Marc Marie gesagt. Sie sahen sich nur selten.

Marie spürte Marcs Verlegenheit. Und es war ihr unangenehm. Es gab ihr ein Gefühl von Schuld. Wenn sie ihm seine Verfehlung verziehen hätte, könnten sie heute wahrscheinlich wieder glücklich miteinander leben.

»Marc, es tut mir leid. Ich bin müde und muss noch einige Besorgungen machen. Wenn du möchtest, können wir uns ein anderes Mal bei einem Kaffee sehen.«

»Das ist in Ordnung, Marie. Ich habe mich gefreut, dass du überhaupt gekommen bist. Ich wünsche dir noch ein schönes Wochenende und liebe Grüße an Helen, ihre Familie und deine Eltern.«

»Danke, Marc. Bestelle deinen Eltern auch viele Grüße, wenn du sie mal wieder besuchst. Mach‘s gut.«

»Bis dann.«

»Ja, bis dann.«

Marie stand auf und ging. Ihr war elend zumute. Sie bummelte gedankenverloren durch Geschäfte, begab sich anschließend in den Buchladen und las in einigen Büchern, ohne sie wirklich wahrzunehmen. Irgendwann fuhr sie nach Hause und legte sich ins Bett.

Am nächsten Morgen rief Uwe an und teilte ihr mit, dass er am gestrigen Tag mehrmals versucht habe, sie zu erreichen. Er fragte, wann sie sich das nächste Mal treffen könnten. Das Gespräch war ihr unangenehm. Sie vertröstete ihn und versprach zurückzurufen.

Marc wurde klar, was jetzt zu tun war. Er fasste eine Entscheidung. Er wollte sich von Conni trennen. Die ständigen Auseinandersetzungen wollte er nicht mehr über sich ergehen lassen. Es lag nicht nur an Conni, wie er sich ehrlich eingestand. Es lag zu einem großen Teil auch an ihm. In einer Beziehung zu leben, ohne die Frau innig zu lieben, konnte nicht funktionieren. Für Conni wäre eine Trennung ebenfalls besser. Sie könnte eine neue Beziehung zu einem Mann eingehen, der sie aufrichtig liebte. Marc wollte es ihr schonend beibringen.

Am selben Abend saß er mit Conni im Wohnzimmer auf der Couch. Sie schauten sich einen Thriller an. Marc öffnete eine Flasche Wein und schenkte zuerst Conni und dann sich ein Glas ein. Marc zögerte. Ich muss es ihr sagen, dachte er. Jetzt sofort. Einen günstigen Moment für so etwas gibt es ohnehin nicht. »Conni, ich möchte dir etwas sagen.«

Conni sah ihn an. »Was gibt es Wichtiges?«

»Möchtest du so ein Leben lang weiterleben?«

»Was meinst du mit *so*?«

»Na halt mit den ständigen Streitereien zwischen uns.«

»Ach das, das ist doch normal. Das gibt es in jeder Beziehung. Ich habe noch kein Paar kennengelernt, das sich nicht streitet.«

»So meine ich das doch nicht.«

»Wie meinst du es dann? Langsam nervst du mich. Ich will den Film sehen.«

Marc nahm einen kräftigen Schluck aus seinem Glas und holte tief Luft. »Ich glaube, dass es besser ist, wenn wir getrennte Wege gehen.«

»Was meinst du mit *getrennte Wege gehen*?«

»Conni, ich habe genug. Das ist doch nicht so schwer zu verstehen. Ich möchte, dass du ausziehst, und zwar bald.«

»WAS! AUSZIEHEN! Wieso sollte ich ausziehen? Hast du etwa eine Neue? Oder ist es wieder diese blöde Marie?«

»Sag noch einmal blöde Marie und es könnte was passieren.«

»WAS KÖNNTE DENN PASSIEREN?«

Marc sprang auf. Conni erschrak. Marc nahm seine Jacke und seinen Autoschlüssel und lief aus dem Haus. Wie konnte ich nur so dumm sein und mit der blöden Kuh eine Beziehung eingehen? Marc ging in die nächste Kneipe und bestellte sich einen doppelten Whisky, den er in einem Zug leerte. Dann hielt er sein Glas dem Wirt hin und signalisierte ihm, dass er noch einen wolle. Die Gäste, anscheinend alles Stammgäste, blickten verwundert abwechselnd zum Wirt und zu Marc. Marc kümmerte es nicht und er bestellte einen weiteren. Nachdem er noch ein paar Bier getrunken hatte, verließ er betrunken die Kneipe und rief seinen Freund Luis an, weil er an diesem Abend auf keinen Fall in sein Haus zurückwollte. Luis hatte ein Gästezimmer, in dem Marc übernachten konnte.

Am nächsten Tag wachte Marc mit unerträglichen Kopfschmerzen auf. Nachdem er zwei Aspirin mit einigen Gläsern Wasser heruntergespült hatte, rief er Conni an.

»Hallo.«

»Conni, hier ist Marc. Höre mir bitte einen Moment zu. Packe bitte in aller Ruhe deine Sachen und verlasse spätestens in drei Tagen mein Haus. Du kannst zu deinen Eltern oder zu deinem Bruder ziehen. Ich wünsche dir alles Gute.«

Marc legte auf. Sein Telefon klingelte sofort wieder. »Ist das dein Ernst, Marc?«

»Das ist mein völliger Ernst.«

»Du kannst mich mal«, waren Connis letzte Worte, bevor sie das Gespräch beendete.

Am nächsten Tag erhielt Marc eine Nachricht auf seinem Handy. »Bin ausgezogen und froh, dich Vollidioten niemals wiederzusehen.«

Marc war erleichtert, fuhr zu seinem Haus und hoffte, dass sie wirklich weg war. Er schloss vorsichtig die Wohnungstür auf und ging langsam in den Flur. Es war nichts zu hören. In der Küche lagen Connis zerbrochene Kaffeetasse und einige Teller auf dem Boden. Marc begab sich ins Wohnzimmer und hoffte, nicht noch mehr Scherben vorzufinden. Außer einem Briefumschlag auf dem Tisch fand er nichts Außergewöhnliches vor. Er nahm den Umschlag und wollte ihn im Altpapier entsorgen. Dann entschied er sich anders, er riss ihn auf und las.

Marc, du kannst dir ja gar nicht vorstellen, wie froh ich bin, von einem solchen Idioten wie dir wegzugehen. Es tut mir nur leid, dass ich mehr als ein Jahr meines Lebens mit einem Verrückten vergeudet habe.

Conni.

Marc zerknüllte den Brief mit dem Umschlag und warf ihn in den Mülleimer. Auf eine gewisse Weise hatte sie recht, dachte er. Ich war ein Idiot, dass ich sie nach nur einer Nacht gleich bei mir habe einziehen lassen. Sie hatte damals keine eigene Wohnung, sondern lebte nach ihrer dritten Trennung bei ihren Eltern. Conni war froh gewesen, ein neues Zuhause gefunden zu haben. Marc hatte jedoch schnell festgestellt, dass es die falsche Entscheidung war. Er hätte besser warten sollen. Nun war es vorbei. Er atmete tief ein, ging zum Besenschrank, nahm sich einen Besen und eine Schaufel und entsorgte das zerbrochene Porzellan.

Dann machte er sich einen Kaffee und musste an Marie denken. Es tat weh. Das Bewusstsein, eine wundervolle Frau wie Marie verloren zu haben, schmerzte ihn bis ins Mark. Eine bessere Frau hätte er niemals finden können. Sie war das Geschenk seines Lebens überhaupt, hatte er den Eltern und Freunden versichert. Er wollte sein Vorhaben, sie zurückzugewinnen, nicht aufgeben. Solange er lebte, wollte er alles, was in seiner Macht stand, unternehmen, um seinen Fehler wiedergutzumachen. Marc wischte sich die Tränen aus den Augen. Er hatte nicht oft in seinem Leben geweint. Nur am Grab eines seiner besten Freunde waren ihm die Tränen gekommen. Er stand auf, ging ins Wohnzimmer, setzte sich auf den Sessel, nahm die Fernsehzeitung, las nicht wirklich darin, erhob sich, lief in die Küche und entschied sich, irgendwohin zu fahren.

Als er im Wagen saß, hatte er kein bestimmtes Ziel. Er steuerte sein Auto auf einen Parkplatz am Kölner Grüngürtel, stieg aus und rannte los. Es war kalt, leichter Nieselregen hatte eingesetzt. Er ging zurück zum Wagen und holte seinen Regenschirm. Das Wetter spiegelte seine innere Stimmung wider. Wenige Leute waren unterwegs. Die meisten mit Hunden. Marc dachte angestrengt darüber nach, was er unternehmen könnte, damit Marie zumindest wieder mit ihm ausging. Doch da war nun ein anderer Mann in Maries Leben. Sie schienen sich zu mögen, da sie zusammen tanzen gingen. Wenn das etwas Ernstes ist, habe ich keine guten Karten, waren seine zermürbenden Gedanken. Ich kann es auf alle Fälle versuchen, machte er sich Mut. Nach einer Stunde hatte er genug von dem Wetter und ging zurück zu seinem Wagen.

Auf der kurzen Heimfahrt fühlte er eine tiefe Traurigkeit. Sein Zuhause kam ihm nun noch leerer und kälter vor. Er drehte die Heizung auf volle Leistung, schaltete den Fernseher ein und schaute sich Wintersport an. Wie in den letzten Jahren erschienen immer mal wieder, wie aus dem Nichts, Bilder von seiner Mallorca-

Tour vor seinem geistigen Auge. Immer wieder sah er sich mit seinen Freunden auf der Treppe zu den Hotelzimmern hochgehen. Schwankend, lachend und blödelnd. Manche küssten ihre Urlaubsbekanntschaft. Marc schüttelte den Kopf, als wenn er die Bilder damit abschütteln könnte.

Dann sah er sich mit der Frau vor seinem Zimmer stehen. Nummer 222, konnte er sich erinnern. Blöde Zahl, dachte er. Die Frau hatte ihm den Schlüssel aus der Hand genommen, weil er zu betrunken war, ihn ins Schlüsselloch zu befördern. Er wusste damals nicht wirklich, was er tat. Als die Tür aufsprang, stolperten sie ins Bett. Die Frau war nochmals aufgestanden, um die Tür zu schließen. Schnell waren sie entkleidet und fielen übereinander her. Er konnte sich nicht mehr daran erinnern, was sich in diesem Zimmer alles abgespielt hatte. Irgendwann war er eingeschlafen.

Am späten Morgen, als er langsam seine schweren Augen öffnete, glaubte er nicht, was er sah. Er hatte die Frau sofort aufgeweckt und gebeten, sein Zimmer zu verlassen. Sie hatte ihn ungläubig angeschaut und schien die gleichen fürchterlichen Kopfschmerzen von dem vielen Alkohol zu haben wie er. Marc wollte die Gedanken nicht mehr. Er wollte, dass das alles niemals geschehen wäre. Hätte er doch auf seinen Arbeitskollegen gehört. Er hatte ihm zuvor gesagt, dass manchmal Dinge geschehen, die ungewollt und ungeplant in unser Leben einschlagen. Marie hatte wegen seiner Tour keinerlei Bedenken gehabt. Zwischen ihnen war nie der kleinste Gedanke aufgekommen, dass er oder sie fremdgehen könnte. Marc schaltete den Fernseher aus und ging ins Bett. Er war hundemüde und schlief schnell ein.

Marie lag früh morgens, noch vor der Arbeit, in ihrem Bett und las in ihrem Buch. *Die Menschheit leidet unter mangelnder Selbstliebe. Das sind Gründe für Ängste, Aggressivität und Unglücklichsein.* Mangelnde Selbstliebe, dachte sie. Ja, das kann ich nachvollziehen. Sie stand auf und musste wieder an die Nacht mit Uwe denken. Ja, es war schön. Ja, sie hatte es gewollt. Ja, ja, ja, ist ja schon gut. Doch irgendetwas in ihrem Inneren hätte es gerne rückgängig gemacht. In der Beziehung zu Uwe hatte diese eine Nacht alles verändert, fühlte sie deutlich. Er war wie ein guter Freund gewesen. Nun war er etwas anderes in ihrem Leben. Nur, was war er jetzt, fragte sie sich. War er ihr Liebhaber, war er ihr neuer Partner, war er der Mann fürs Leben? Sie wusste keine Antwort darauf. Sie wusste nur, dass sie seit der besagten Nacht Bedenken hatte, ihn anzurufen oder einen Anruf von ihm anzunehmen. Hatte sie Angst vor Fragen, die aus dem Nichts auftauchen könnten? Fragen wie: Liebst du mich? Oder Worte wie: Ich liebe dich. Was wäre ihre Antwort, wenn er ihr sagen würde, dass er sie liebt? Sie wusste keine, zog ihre Kleider an, schminkte sich und schaute auf die Uhr. Es war Zeit, zur Arbeit zu fahren.

Während der Fahrt wurde ihr klar, wie wertvoll ihre Arbeit für sie war. Sie lenkte sie von den quälenden Gedanken ab. Gestern hatte Marc dreimal versucht, sie anzurufen. Sie hätte nicht gewusst, was sie ihm hätte sagen sollen. Uwe hatte es ebenfalls mehrmals versucht. Auch für ihn hätte sie keine befriedigenden Antworten parat gehabt. Als sie auf dem Parkplatz vor der Firma parkte, entschloss sie sich, Uwe in der Frühstückspause anzurufen. Er hatte schließlich nichts verbrochen. Ganz im Gegenteil. Er hatte sie geliebt. Uwe war ein zärtlicher Liebhaber und hatte in der Nacht nicht nur an sich gedacht. Marie hatte das Gefühl gehabt, dass er sie glücklich machen wollte. Und das war sie während ihrer Zweisamkeit. »Ich war glücklich«, sagte sie leise auf dem Weg zur Firma. Marie hatte Angst, Uwes Gefühle nicht erwidern zu können. Uwe liebte sie, das war ihr klar. Nur wollte sie es nicht wahrhaben, weil sie Angst hatte, ihn zu enttäuschen. Ihm nicht antworten zu können: *Ich dich auch*. Deshalb hatte sie Worte wie *ich liebe dich* von ihm am meisten gefürchtet.

Marie kam ein Gedanke, ein verrückter Gedanke. Wenn sie sich Marc vorstellte und ihm heute sagen würde: *Ich liebe dich,* wie würde sich das anfühlen? Marc, ich liebe dich, dachte sie. Ihr schwindelte, sie erschrak, es fühlte sich stimmig an. Sie sagte es erneut. *Marc, ich liebe dich.* Ja, es ist so, wahrscheinlich liebe ich ihn noch immer. Sie öffnete die Eingangstür und betrat die Firma. Gott sei Dank verschwanden die Gedanken und Gefühle auf dem Weg in ihre Abteilung, sonst wäre sie noch durchgedreht.

Sie konnte sich nicht richtig auf die Arbeit konzentrieren. Machte wieder mehr Fehler, als es ihrem Chef lieb war. Aber es waren Fehler, die zu korrigieren waren. Ihr Chef schätzte ihre Arbeit seit Jahren. Deshalb war es kein Problem. Jeder hat mal schlechte Tage, selbst Chefs. Manfred sah ihr an, dass sie nicht voll bei der Sache war, und tröstete sie mit einfühlsamen Worten. Es wird schon wieder, sagte er ihr. *Es ist noch immer gut gegangen,* lautete einer seiner Lieblingssätze. Der Satz war ein wichtiger Bestandteil beliebter Kölner Lebensphilosophie. Ebenso wie *es kommt, wie es kommt.* Die Sätze hatte auch ihre liebe Oma oft ausgesprochen. Sie bedeuten nichts anderes als: habe Vertrauen, es kommen auch wieder bessere Tage. Und es gibt immer Lösungen. Marie liebte die Kölner und ihren Humor. In Köln wurden viele Probleme mit Humor gelöst. Die Kölner redeten manchmal so lange über Probleme, bis sie sich vor Lachen nicht halten konnten. Und irgendwann, wie von Zauberhand, waren die Probleme verschwunden. Oder es hatte sich herausgestellt, dass sie nicht unlösbar waren.

Marie fühlte sich als Kölnerin, obwohl sie in Frechen das Licht der Welt erblickt hatte. Für echte Kölner befand sich Frechen allerdings schon im Ausland. Das war auch Teil ihres Humors. Marie hielt ihr Versprechen ein, begab sich in der Frühstückspause auf den Parkplatz und wählte Uwes Nummer.

»Hallo, Marie. Freut mich, dass du anrufst.«

»Hallo, Uwe. Entschuldige bitte, dass ich dich gestern nicht gleich zurückgerufen habe. Ich hatte viel zu tun.«

»Das ist absolut in Ordnung, Marie. Jeder hat mal Tage, an denen er Zeit für sich braucht.«

»Ich danke dir für dein Verständnis.«

»Das ist doch normal. Wenn Freunde kein Verständnis füreinander haben, wer dann?«

Marie war erleichtert über das Wort Freunde. Er hatte nichts von Liebenden, weder Liebespaar noch Ähnliches erwähnt.

»Morgen hätte ich Zeit«, fuhr er fort. »Dann könnten wir uns treffen.«

Es entstand eine Pause. Marie fühlte ihren Pulsschlag. Aber nicht bei dir, dachte sie.

»Morgen, ja gut, sollen wir zum Italiener nach Köln gehen?«

»Klassc Idcc, Maric. Ich hättc mir nichts Bcssercs vorstcllcn können.«

»Einverstanden, gegen halb acht?«

»Halb acht ist perfekt. Ich freue mich schon auf morgen.«

»Ich mich auch, Uwe. Einen schönen Tag wünsche ich dir noch.«

»Ich dir auch, Marie. Bis morgen.«

»Bis morgen.«

Marie war nun leichter ums Herz. Er hatte nichts von Liebe oder über ein erneutes Treffen in seinem Haus gesagt. Wie sollte das alles nur weitergehen? Sie ging zurück in die Firma und fühlte jetzt erst die Kälte, die sich in ihr ausgebreitet hatte. Im Frühstücksraum besorgte sie sich am Automaten einen Kaffee. Der war nicht gut, doch heiß. Manfred saß mit anderen Kollegen an einem Tisch. Als er sie sah, rückte er einen Stuhl zurecht und signalisierte ihr, sich neben ihn zu setzen. Lieber Kerl, dachte sie und ging mit ihrem Kaffee zum Tisch. Einer ihrer Kollegen schien ohne seine blöden sexistischen Witze nicht leben zu können. Marie mied ihn möglichst. Zum Glück wechselte jemand zu den politischen Geschehnissen in Deutschland. Sie interessierten Marie zwar im Moment nicht, doch war das Thema allemal besser als die erniedrigenden Witze. Die Pause war bald vorüber. Der Arbeitstag schien kein Ende nehmen zu wollen.

Auf der Fahrt zu ihrer Wohnung musste sie an die Verabredung mit Uwe am morgigen Abend denken. Ansonsten hatte sich Marc in ihrem Herzen und ihren Gedanken festgesetzt. Ich liebe ihn noch, dachte sie. Das macht alles so kompliziert. Ihr kamen Worte aus dem Buch in den Sinn. *Selbstliebe ist die Lösung für vieles. Liebe dich selbst. Du darfst dich selbst lieben. Wenn du dein Leben liebst, dann liebt dein Leben auch dich.* Das verstand und glaubte sie. Doch die Umsetzung kam ihr so schwer vor. Theorie und Praxis sind zweierlei. In der Theorie scheint oft alles einfach. Doch sich selbst zu lieben, war das Schwierigste überhaupt, wie sie glaubte. Sich selbst vergeben, sei in dieser Hinsicht äußerst wichtig, hatte Helen ihr des Öfteren nahegelegt. Vergib dir, lass alle Schmerzen und Ängste los, indem du sie weggibst, aus dir herauslässt, sie entlässt. Vergeben bedeutet auch weggeben. Habe ich mir noch nicht vergeben, fragte sie sich erneut. Sie wollte mit Helen darüber reden.

Abends rief sie ihre Schwester an.

»Hallöchen, meine liebe Schwester. Schön, dass du anrufst. Ich habe dich schon vermisst.«

»Hallo, Helen. Wie geht es euch?«

»Uns geht es gut. Und wie geht es dir?«

»Wie es mir geht? Das ist eine Frage, auf die ich im Moment keine Antwort weiß.«

»Das ist in Ordnung, Marie. Das hat jeder mal. Kann ich dir helfen?«

»Helen, ich habe noch mal über Vergebung nachgedacht. Ich verstehe das ganze Konzept irgendwie. Doch weiß ich nicht wirklich, wie ich das anwenden soll. Und ich weiß auch nicht, was ich mir vergeben soll. Oder anderen.«

»Marie, ich habe dir doch die Sätze zur Vergebung gemailt. Wende sie an. Sprich sie im Stillen oder laut, wenn du im Bett liegst, vor dem Schlafengehen. Wenn du morgens aufwachst oder während der Autofahrt oder beim Spazierengehen. Und sprich die

Worte entspannt, liebevoll. Wir sollen ja liebevoll mit uns und anderen umgehen.«

»Ich werde es versuchen.«

»Marie, wende es an. Es zu versuchen, führt zu nichts. Beim Versuchen-Wollen bleibt es meistens beim Versuch. Und wenn du Marc noch nicht vergeben hast oder glaubst, ihm nicht vergeben zu können, dann mache es einfach. Es ist wertvoll für dich, dein zukünftiges Leben und dein vergangenes. Denn wir können auch die Vergangenheit heilen. Mit Vergebung und damit, dass wir Liebe und Licht in vergangene Situationen und Verletzungen senden. Du solltest natürlich innerlich dazu bereit sein. Das ist klar.«

»Danke, Helen.«

»Wenn du es angewendet hast, wird es dir besser gehen. Davon bin ich überzeugt. Marc hat seine eigenen Aufgaben. Ich habe ihm damals während unseres offenen Gesprächs, als er mir versicherte, dass er alles, was geschehen ist, zutiefst bereut, gesagt, dass er sich selbst vergeben soll. Dich hat er ja öfters um Verzeihung gebeten. Reue ist übrigens der erste Schritt zur Heilung. Wenn jemand etwas aus tiefstem Herzen bereut, dann ist er ebenso bereit zu vergeben. Du weißt, was ich damit meine, Marie?«

»Ja, ich kann es mir vorstellen.«

»Marie, hast du schon gehört, dass Conni bei Marc ausgezogen ist?«

Marie stellten sich die Nackenhaare auf.

»Marie, bist du noch dran?«

»Ja, ja, Helen, ich bin noch hier.«

»Was hältst du davon?«

»Was soll ich davon halten, Helen? Ich werde sicher nicht morgen wieder einziehen.«

»Das ist mir klar. Das war auch nicht meine Frage.«

»Das weiß ich ja. Es ist nur – es ist – ehm – ich habe mit Uwe geschlafen. So, jetzt ist es raus.«

Schweigen.

»Oh! Na ja – und liebst du ihn?«

»Nein, nicht wirklich. Ich mag ihn. Das ist ja das Problem. Ich fürchte schon seit Langem, dass er mir seine Liebe gesteht, die ich nicht erwidern kann.«

»Verstehe. Und was willst du jetzt machen?«

»Ich hatte gestern eine komische Situation auf dem Weg zur Arbeit. Natürlich habe ich mir viele Gedanken über Uwe und mich gemacht. Ich habe mir bewusst vorgestellt, wie ich zu Uwe sagen würde: Ich liebe dich.«

»Und?«

»Es war nicht stimmig.«

»Habe ich mir gedacht.«

»Dann kam mir eine verrückte Idee. Ich habe mir vorstellt zu sagen: Marc, ich liebe dich.«

»Und es war stimmig«, platzte es aus Helen heraus. »Marie, du liebst Marc noch. Das Gefühl habe ich immer, wenn ich mit dir rede. Ich kenne dich nur zu gut.«

Marie begann zu weinen. »Ich weiß nicht mehr, was ich machen soll.«

»Warte einfach mal ab. Aus einer gewissen Sicht finde ich es äußerst positiv, dass du Marc nach seiner Verfehlung noch lieben kannst. Das ist für mich gleichzeitig ein Beweis, dass du ihm schon auf eine gewisse Weise vergeben hast oder zumindest bereit bist, ihm zu vergeben. Und, Marie, schau doch mal. Wenn wir die ganze Situation damals auf Mallorca realistisch betrachten: Er ist wie in einer Herde mitgeschleppt worden, war total besoffen und wusste überhaupt nicht, wie ihm geschah. Er war ein anderer Mensch. Das soll keine Entschuldigung sein, das soll ebenfalls kein Tolerieren sein. Doch es könnte zu Klarheit in deinem Herzen darüber führen, was wirklich geschehen ist. Marc leidet seitdem. Ich glaube, er leidet noch mehr als du. Marc liebt dich, Marie. Das hat er mir tausendmal gesagt. Das mit Conni war nur Verzweiflung, weil er die Hoffnung aufgegeben hatte, jemals wieder eine Chance zu erhalten, mit dir zusammenzukommen.«

Marie weinte.

»Marie, komm morgen Abend zu uns, dann reden wir weiter.«

»Morgen Abend bin ich mit Uwe verabredet. Aber nicht bei ihm zu Hause. Wir gehen zum Italiener nach Köln«, schluchzte Marie.

»Das finde ich gut, dass ihr nicht wieder in seine Wohnung geht. Das könnte zu noch mehr Komplikationen führen. Wieso hast du überhaupt mit ihm geschlafen? Entschuldige bitte, blöde Frage.«

»Ist schon gut. Wir können uns übermorgen sehen, wenn du Zeit hast.«

»Ja, ist in Ordnung. Ich frage aber sicherheitshalber Hans, ob er nichts geplant hat.«

»Ich freue mich auf übermorgen. Und danke, Helen. Schön, dass es dich gibt in meinem Leben.«

»Schön, dass es dich gibt, Marie. Ich hab dich lieb.«

»Ich dich auch.«

Marie liefen Tränen über die Wangen. Sie weinte lange. Sie hatte das Bedürfnis zu weinen. Vieles floss mit den Tränen aus ihr heraus. Sie hatte das Gefühl, dass die Tränen aus ihrem Herzen kamen und Wunden reinigten. Marie empfand eine unendliche Dankbarkeit, eine Schwester wie Helen zu haben. Sie konnte sich nicht vorstellen, wie sie die Zeit ihrer Depression ohne sie überstanden hätte.

Marie war voller gegensätzlicher Gefühle, als sie sich am nächsten Tag auf dem Weg zum Italiener befand. Sie wusste nicht, ob sie Uwe in die Augen sehen konnte. Obwohl sie nichts verbrochen hatte, fühlte sie sich irgendwie schuldig. Ich habe ja nichts verkehrt gemacht, versuchte sie sich zuzusprechen. Wir haben miteinander geschlafen. Millionen von Menschen schlafen jeden Tag miteinander. Doch konnte sie nicht verleugnen, dass es etwas in ihrer freundschaftlichen Beziehung zu Uwe verändert hatte. Kann sich eine Freundschaft zwischen einem Mann und einer Frau nach einem Beischlaf entscheidend verändern? Anscheinend ja. Es war etwas anderes, wenn ein Mann und eine Frau gemeinsam tanzten, redeten, ein Essen genossen oder Sex hatten.

Uwe saß schon im Restaurant, als Marie erschien. Er stand auf, als er sie sah, und kam auf sie zu. Wie würden sie sich begrüßen, waren ihre Gedanken, als er vor ihr stand und sie in die Arme nahm. Ein Kuss auf den Mund wäre ihr in der jetzigen Situation befremdlich vorgekommen.

»Hallo, Marie.«

»Hallo, Uwe.«

Uwe nahm Maries Mantel, hängte ihn an die Garderobe, während Marie sich zum Tisch begab. Sie nestelte nervös an ihrer Serviette. Uwe setzte sich ihr gegenüber.

»Schön, mit dir hier zu sein, Marie.«

»Ja, Uwe, schön, mit dir hier zu sein.«

Ihr fiel nichts Besseres ein und sie hegte nur den einen Wunsch, dass er ihre gemeinsame Nacht nicht erwähnen würde. Der Kellner erschien und reichte ihnen die Speisekarte.

»Was möchten Sie trinken?«

»Ich nehme ein Mineralwasser«, sagte Marie.

»Für mich bitte einen Montepulciano«, bestellte Uwe.

»Gerne.«

Der Kellner entfernte sich von ihrem Tisch. Uwe strahlte sie an. Es war ihr peinlich. Hoffentlich macht er mir keinen Heiratsantrag, dachte sie. Marie versuchte ihn ebenfalls anzulächeln, was ihr nicht so recht gelingen wollte. Uwe hatte die Veränderung in Maries Augen wahrgenommen und machte sich Gedanken. Womöglich lag es an der Nacht, die sie zusammen verbracht hatten. War es ein Fehler gewesen, fragte er sich. Hätten sie nicht miteinander schlafen sollen? Es ist einfach geschehen. Sie wollte es ja auch und hat es offensichtlich genossen. Sie hat mir zudem gesagt, dass sie es schön fand.

»Weißt du schon, was du nimmst?«, fragte Marie.

»Ich glaube, ich nehme wieder die Pizza, wie immer. Und wie sieht es bei dir aus?«

»Ich bin mir noch nicht sicher. Das Fischgericht ist verlockend. Doch weiß ich nicht, ob der Fisch frisch ist. Es ist ein Salzwasserfisch und das Meer befindet sich nicht gerade in unmittelbarer Nähe Kölns.«

Ihr Lachen lockerte die angespannte Atmosphäre ein wenig auf.

»Deshalb esse ich Fisch lieber am Meer«, sagte Uwe.

»Ja, ich auch. Ich glaube, ich bestelle Tagliatelle mit Spinat, Tomaten und Knoblauch und reichlich Parmesan.«

»Das hört sich gut an, Marie. Meine Pizza ist ebenfalls mit Knoblauch.«

Er wird doch nicht etwa denken, dass wir uns heute wieder küssen, dachte Marie, weil er den Knoblauch erwähnt.

»Ich finde es erfreulich, dass wir beide Knoblauch mögen«, sagte Uwe.

»Ja, ich ebenso.«

»Marie – «

Uwe sah sie an. Marie erschrak.

»Marie, ich wollte dir sagen, dass ich die Nacht mit dir bezaubernd fand.«

Marie senkte den Blick. »Danke, Uwe. Ich fand sie auch schön.«

Der Kellner kam, nahm die Bestellung auf und wiederholte. »Tagliatelle mit Spinat, Tomaten und Knoblauch und Pizza Funghi, ebenfalls mit Knoblauch. Das war's?«

»Danke, das wär's erst mal«, antwortete Uwe.

»Ehm – Marie.«

Marie zuckte zusammen.

»Marie, ich wollte dir auch noch sagen, dass wir das alles behutsam angehen. Ich meine – ehm – du weißt schon, was ich meine.«

»Ja, danke, Uwe. Das sehe ich auch so. Wir sind schließlich gute Freunde.«

»Das stimmt mich glücklich, Marie, dass wir gute Freunde sind. Und selbstverständlich bleiben werden.«

»Natürlich«, fügte Marie an.

Das Essen kam. Es schmeckte vorzüglich, wie immer. Sie suchten sich bewusst Restaurants aus, in denen sie sicher sein konnten, dass das Essen keine Wünsche offenließ. Dafür bezahlten sie gerne etwas mehr. Sie hatten festgestellt, dass die Preise nicht wesentlich höher als in anderen Restaurants waren. Und sie gingen nicht jeden Tag essen. Im Laufe des Abends fand Marie Uwe gegenüber wieder ihre Lockerheit. Sie hatte das Schlimmste befürchtet. Als sie sich vor dem Restaurant verabschiedeten, fragte Uwe sie nicht, ob sie mit zu ihm nach Hause gehen möchte. Sie drückten sich und Uwe versprach, sie anzurufen.

Marie fuhr mit einem schweren Gefühl im Magen nach Hause. Es war schon seltsam, wie sich ein Leben wegen einer gemeinsamen Nacht, durch ein Ja oder Nein, verändern konnte. Oder durch ein nicht ausgesprochenes Nein. Auch Marc hätte Nein sagen können. Wenn er nüchtern gewesen wäre, hätte er auch Nein gesagt. Wenn sie während ihrer depressiven Phase nicht vom vielen Wodka benebelt gewesen wäre, hätte sie die Tabletten nicht geschluckt. Sie wusste nicht wirklich, was sie damals angestellt hatte. Hätte sich sicherlich nicht das Leben nehmen wollen, wenn sie den Wodka nicht getrunken hätte. In diesem Moment entschied sie sich, Marc sein Fremdgehen zu vergeben. Es nicht zu tolerieren, nicht zu entschuldigen. Es lediglich zu vergeben. Er hatte einen Fehler gemacht, den er als normal nüchterner Mensch nicht gemacht hätte. Ähnlich wie sie im alkoholisierten Zustand gehandelt hatte. »Marc, ich vergebe dir«, sagte sie leise vor sich hin und starrte auf die Straße. In diesem Moment klingelte ihr Handy. Sie brauchte nicht auf die Nummer zu schauen. Marie spürte instinktiv, wer sie anrief. Sie wusste in jenem Moment auch, dass sie das Gespräch nicht annehmen würde. Als das Handy schwieg, schaute sie auf die

Nummer. Es war Marc gewesen. Dieses Mal war sie froh darüber, dass er angerufen hatte.

Als sie abends im Bett lag, fühlte sie sich entspannt wie lange nicht mehr. Sie empfand Erleichterung. Sie hatte das Gefühl, eine zentnerschwere Last von sich gegeben zu haben. Weggeben, dachte sie. Ich habe mit der Vergebung eine Last von mir gegeben. Mit einem Lächeln und der Gewissheit, dass Vergebung wirkt, und anscheinend manchmal schnell, schlief sie ein.

Am folgenden Morgen stand sie ausgeschlafen auf. Eine Leichtigkeit war in ihr. Im Bad schaute sie sich bewusst ihr Spiegelbild an, was sie lange vermieden hatte. Beim Schminken hatte sie natürlich in den Spiegel schauen müssen. Doch das war etwas anderes. Nun mochte sie ihr Spiegelbild wieder. Ob Vergebung das bewirken kann? Sie war sich sicher, dass Erkenntnisse und Bewusstheit vieles zum Guten verändern und ebenso Menschen vor Dummheiten schützen können. Beachtlich, dachte sie, setzte Kaffeewasser auf und bereitete ihr Frühstück zu.

Was mache ich jetzt mit meinen neuen Erkenntnissen, fragte sie sich. Marie konnte an diesem Tag wahrlich nicht einschätzen, ob und wie diese eine wichtige Entscheidung ihr Leben in völlig andere Bahnen lenken würde. Spontan nahm sie ihr Handy und wählte Helens Nummer.

»Hallo, Marie.«

»Ich habe ihm vergeben. Ich habe Marc vergeben, Helen.«

»Super! Das freut mich sehr für dich, Marie, und auch für Marc.«

»Gestern Abend, nach dem Essen mit Uwe, das nicht einfach für mich war, doch dazu später, befand ich mich im Auto auf der Heimfahrt. Während der Fahrt dachte ich an Marc und mein Leben. Irgendwie war es wie eine Erkenntnis, die vom Himmel gefallen zu sein schien. Wie auch immer, ich habe leise gesagt: ›Marc, ich vergebe dir.‹«

»Du kannst dir nicht vorstellen, Marie, wie froh ich darüber bin.«

»Als ich abends im Bett lag, habe ich eine Leichtigkeit gefühlt, die ich mit Worten nicht beschreiben kann. Ich war so glücklich wie in der gemeinsamen Zeit mit Marc.«

»Marie, ich muss mit den Kindern zu Freunden. Wir sind verabredet. Sie warten schon ungeduldig. Heute Abend können wir alles Weitere besprechen.«

»Dann bis heute Abend. Grüße mir die Kinder.«

»Ja, tschüss.«

Es war Samstag. Marie musste ausnahmsweise nicht arbeiten. Sie zog sich an und machte sich auf zum Park. Heute hatte die Sonne sich entschieden, ihr Licht und ihre Wärme über die Menschheit auszubreiten. Es war zwar kalt, jedoch freundlich. Das gab ihrer Stimmung einen zusätzlichen Kick. Im Park hielten sich an diesem Morgen mehr Menschen als gewöhnlich auf. Sie dachte darüber nach, wie es in ihrem Leben wohl weitergehen würde. Das konnte und musste sie natürlich nicht wissen. Sie freute sich, mit Helen darüber reden zu können.

Im Park betrachtete Marie die Steine mit den rätselhaften Zeichen länger als gewöhnlich. Auf irgendeine Weise schienen sie ihr etwas mitteilen zu wollen. Aber was? Auch schienen sie sich irgendwie zu verändern, als wenn ihnen jemand Leben eingehaucht hätte. Obwohl es sich um in Stein gearbeitete Symbole handelte. Sie hatten anscheinend ein Eigenleben. Marie sah darin die Unendlichkeit des Universums. Trotz des Sonnenscheins fühlte sie die Kälte. Sie ging nach Hause und bereitete ihr Mittagessen vor.

Auf ihrem Handy sah sie, dass Uwe angerufen hatte. Sie wollte ihn nicht gleich zurückrufen, nahm ihr Kochbuch und las, wie sie den Fisch für das thailändische Gericht vorzubereiten hatte. Hin und wieder aß Marie gerne scharfe Gerichte, die sie mit frischem Chili anrichtete. In einem Artikel hatte sie vor Jahren gelesen, dass Chili dem Körper gute Dienste leistet. Früher hatte sie geglaubt, dass scharfes Essen ihrem Magen nicht bekommt. Dem war nicht so, hatten ihr die Erfahrungen mit scharfen Gerichten gezeigt. Erfahrung macht den Unterschied, dachte sie. Wenn wir uns nicht auf den Weg machen, dann können wir diese oder jene Erfahrung nicht machen. Und sie kann uns nicht weiterbringen in unserem Leben.

Mit Vergnügen bereitete sie ihr Essen zu und dachte über ihre Lebenswandlung nach, die sich am gestrigen Tag mit nur wenigen Worten und einer Entscheidung eingestellt hatte. Was Worte doch bewirken können. Ein Wort, eine Entscheidung, eine Aktion konnte ein ganzes Leben verändern. Jeder Einzelne entschied über sein Lebensglück. Wir sind Schöpfer, nicht Opfer, hatte sie in ihrem Buch gelesen. Doch wenn wir die Opferrolle übernehmen wollen, dann erhalten wir sie auch. Wer sich als ewiges Opfer sieht, wird auch so durchs Leben wandeln. Wahre Worte, glaubte sie. In diesem Zusammenhang fiel ihr die Vergebung wieder ein. Wenn jemand verletzt wird, durch Worte oder Handlungen, leidet er. Das ist nur zu verständlich. Doch wäre es bedauerlich, wenn derjenige, der verletzt wurde, auch noch ein Leben lang darunter leiden müsste.

Wenn das Opfer an den Täter und die Tat denkt, fühlt es den Schmerz erneut. Dann steigen Wut und Aggression in ihm hoch. Er oder sie kann sich allerdings dafür entscheiden, den Schmerz abzugeben, zu vergeben. Marc hatte sie durch sein Fremdgehen verletzt. Sie hatte den Schmerz über viele Jahre in sich getragen. Bis zum gestrigen Tag, dem Zeitpunkt, an dem sie sich entschieden hatte, ihm zu vergeben. Danach ging es ihr besser. Sie fühlte sich leichter. Der Schmerz war verflogen. Er war aus ihr herausgetreten. Erstaunlich war die Erkenntnis, dass der Verursacher – sie wollte Marc nicht als Täter bezeichnen – nicht das Geringste zu ihrer Vergebung hatte beitragen müssen. Sie hatte es in der Hand gehabt. Nur sie konnte und durfte über ihre Heilung entscheiden. Das ist eine äußerst wichtige Botschaft an alle, die verletzt worden sind und noch immer darunter leiden. Hört auf zu leiden, hätte Marie am liebsten in die Welt geschrien. Hört endlich auf zu leiden und mit dem Leid eure Wut und Aggression an eure Kinder und Nachbarn weiterzugeben.

Nichtvergebung ist ebenfalls ein Grund, weshalb der Verletzungsschmerz in Familien über Generationen weitergetragen wird. Geschwister brechen als Erwachsene den Kontakt zueinander ab, weil sie den Schmerz der Schwestern und Brüder fühlen und nicht weiter ertragen können. Sie wurden als Kinder von ihren Eltern oder anderen Familienmitgliedern psychisch oder physisch verletzt und können nicht vergeben. Oft hatte Marie von Opfern den Satz gehört. »Und dem soll ich auch noch vergeben? Der hat mich über Jahre so was von verletzt, mir die schlimmsten Schmerzen zugefügt. Dem werde ich mein ganzes Leben lang nicht vergeben.« Das war nur zu gut zu verstehen. Unglücklicherweise war mit dieser Entscheidung ein lebenslanges Leiden verbunden. Deshalb war es so wichtig, den Opfern zu erklären, dass ihre Vergebung unabhängig vom Täter stattfindet. Ein jeder vergibt wegen seiner eigenen Schmerzen. Es wäre furchtbar, wenn derjenige, der jemand verletzt hat, auch noch die Macht hätte, zu entscheiden, dass sein Opfer ein Leben lang darunter leidet. Der Täter hat mit seinen eigenen Verletzungen genug zu tun. Jemand, der andere verletzt, verletzt sich ebenfalls. Das ist ein ungeschriebenes Gesetz. Wer anderen Schmerzen zufügt, fügt sich selbst die größten Schmerzen zu. Wer andere belügt, belügt sich im Grunde genommen selbst. Die Wahrheit auszusprechen bedeutet Stärke.

Marie musste daran denken, dass Menschen auch die Vergangenheit heilen können. Genau das geschieht mit Vergebung. Mit dem Prozess lösen wir Schmerzen aus der Vergangenheit auf. Marie hatte die Erfahrung der Vergebung machen dürfen. Deshalb war ihr vollends bewusst, wie es wirkt und dass es hilft. Sie holte ihr Tagebuch, nahm sich einen Stift und schrieb ihre neuen Erkenntnisse nieder. Danach bereitete sie das Essen zu, zündete eine Kerze an und genoss es. Sogar das Essen schmeckte nun besser, wurde ihr bewusst.

Nach dem Abwasch schaute sie auf ihr Handy. Uwe hatte wieder angerufen und da war noch ein Anruf – von Marc. Marie freute sich nun über Marcs Anruf. Wollte ihn jedoch ebenso wenig zurückrufen wie Uwe. Im Moment war ihr ihre Ruhe wertvoll. Es war zu viel geschehen in den letzten Jahren. Die Trennung von Marc, ihr Selbstmordversuch, ihre langanhaltende Depression. Das alles brauchte Zeit zum Heilen. Zeit heilt Wunden. Das stimmte und auch Vergebung heilte Wunden. Sie griff nach ihrem Buch, nahm die Kerze vom Esstisch und stellte sie neben sich auf den Wohnzimmertisch. Irgendwann schlief sie ein.

Am frühen Nachmittag wurde sie wach. Vielerlei Gedanken gingen ihr durch den Kopf. Sie stand auf, machte sich einen Kaffee und schaltete den Laptop ein. Sie wollte all die wertvollen Erfahrungen, die sie gemacht hatte, aufschreiben. Marie bekam ein tiefes Verlangen, diese Erfahrungen an andere weiterzugeben. Wir machen die Erfahrungen nicht nur für uns, sondern auch für unsere Mitmenschen, hatte ihr Helen einmal gesagt. Sie hatte recht. Was wir für uns selbst klären und heilen, das heilen wir auch für andere und für das Gesamte. Und was wir geben, erhalten wir zurück.

Marie gab, wie auch ihre Schwester, gerne, ohne etwas zu erwarten. Erwartungen führten oft zu Enttäuschungen. Dankbarkeit und Teilen waren Wege zum Glück. Viele Menschen hatten vergessen, was sie bereits für ihr Glücklichsein besaßen. Sie hatten ausreichend Nahrung, eine Wohnung, Kleidung, an jeder Ecke eine Bäckerei mit vielerlei Brot, Gebäck und Kuchen. Die meisten hatten genügend Geld, um sich an der reichhaltigen Auswahl auf den Märkten und in den Supermärkten an den Fleisch-, Wurst- und Käsetheken zu bedienen. Leider Gottes gab es arme Menschen, die Hilfe benötigten. Wenn diejenigen, die mehr hatten, mit den Armen Nahrung und Geld teilen würden, dann gäbe es keine Armut mehr. Und keine unglücklichen Menschen. Teilen machte glücklich und reich.

Marie schrieb vieles auf und entschloss sich, Uwe und Marc anzurufen. Was sie gleich in die Tat umsetzte. Sie führte mit beiden ein entspanntes Gespräch. Uwe, der sich mit ihr verabreden wollte, vertröstete sie auf die kommenden Tage. Ihr Gespräch mit Marc verlief anders als dasjenige zuvor. Es lag eine gewisse Leichtigkeit darin. Marcs Stimme löste etwas in ihr aus. Bewusst verabredete sie sich nicht mit ihm, obwohl sie es gerne getan hätte. Sie brauchte Zeit.

Am frühen Abend machte sie sich auf den Weg zu Helen. Das Wetter war scheußlich. Es regnete in Strömen. Doch am heutigen Tag konnte selbst das Wetter ihrer guten Laune nichts anhaben. Helen und Hans sahen gleich an Maries Augen, dass sich etwas in ihrem Leben verändert hatte. Sie sah wieder so aus wie vor Jahren. Ihre grünblauen Augen hatten wieder das Strahlen, das sie lange vermissten. Nach dem Abendessen mit den Kindern zogen Helen und Marie sich ins Studio zurück, wo Hans gerne ungestört Bücher las oder im Internet surfte.

Es war ein gemütliches Zimmer mit einer Couch, einem kleinen Tisch und farbenfrohem Dekor.

»Erzähl schon, Marie. Ich kann es kaum erwarten zu erfahren, was du gestern alles erlebt hast«, brach es aus Helen heraus.

Marie lächelte. »Ich weiß gar nicht, wo ich beginnen soll. Also – ich war mit Uwe beim Italiener essen. Und hatte, obwohl das wahrscheinlich übertrieben klingt, die Vermutung, dass er mir einen Heiratsantrag machen wird. Oder mir sagt, dass er mich liebt.«

»Nur weil ihr eine Nacht zusammen verbracht habt, Marie? So schnell geht das nicht.«

»Das sehe ich heute auch so. Aber du weißt ja, welche Streiche unsere Fantasie uns manchmal spielt. Dass sie uns in Dimensionen führt, wo wir nicht hinwollen.«

»Ja, ja – unsere Fantasie spielt uns so manchen Streich«, seufzte Helen.

»Im Laufe des Abends, während des Essens, lockerte sich meine Stimmung etwas. Uwe hat kein Wort von Heirat, Liebe oder

Ähnlichem von sich gegeben. Er ist halt ein Gentleman. Ein wirklich feiner Kerl. Deshalb mag ich ihn ja.«

»Aber es reicht nicht für mehr, wie ich aus deinen Worten heraushöre.«

»Genauso sehe ich es. Und fühle es auch. Ich mag Uwe. Aber ich liebe ihn nicht so, wie ich Marc geliebt habe. Und das tut mir leid für ihn. Monate zuvor hätte ich mir wahrscheinlich gewünscht, dass ich ihn so lieben könnte, wie er mich offensichtlich liebt.«

»Kann ich gut verstehen, Marie. Ich mag ihn auch. Obwohl ich ihn nur einmal bei uns zum Essen gesehen habe. Manche Frauen würden sich solch einen Mann wünschen. Und viele Schwiegermütter ebenfalls.«

Helen nippte an ihrem Glas Wein, stellte es zurück auf den Tisch und legte ihren Arm um Maries Schulter.

»Erzähl schon, wie ging's weiter?«, fragte Helen.

»Vor dem Restaurant haben wir uns verabschiedet. Zum Glück nicht mit einem Kuss. Mit schweren Gefühlen machte ich mich auf den Heimweg. Im Wagen schossen mir unzählige Gedanken durch den Kopf. Wie aus dem Nichts erhielt ich Klarheit.«

Helen hörte gespannt zu.

»Mir wurde bewusst, dass ich niemals die Tabletten genommen hätte, wenn ich nicht vom Wodka betäubt gewesen wäre. In nüchternem Zustand hätte ich niemals versucht«, Marie stockte, »mir das Leben zu nehmen. Wenn ich im Normalzustand nur an dich, Hans und die Kinder gedacht hätte, wäre mir der Gedanke – Ich darf gar nicht daran denken. Entschuldige bitte.«

»Ist schon gut, Marie.«

»In diesem Zusammenhang kam mir Marcs Fremdgehen in den Sinn. Er war so betrunken, dass ihm, wie ich glaube, auch nicht bewusst war, was er tat.«

»Das sehe ich genauso. Wenn der Mensch vom vielen Alkohol benebelt ist, ist er nicht mehr er selbst. Das Gleiche gilt für Wut und Zorn. Wenn Zorn in einem Menschen aufsteigt, ist er in der

Lage, um sich zu schlagen oder gar zu töten. Deshalb sind Wut und Zorn keine guten Ratgeber. Und schon mal gar keine Lösungen für Probleme. Menschen, die leiden, wollen nicht allein leiden. Deshalb geben sie mittels Worten und Handlungen ihren Schmerz an andere weiter. Damit diejenigen auch leiden.«

»Das finde ich interessant, Helen. Mir kommen einer meiner Arbeitskollegen und ein junger Mann in der Berufsschule in den Sinn, die ständig verrückte Sachen von sich gaben. Sie haben die übelsten Worte benutzt und vieles kritisiert. In ihrer Welt existierte nur Schlechtes. Denen brauchtest du lediglich ein Wort zu nennen, mittels dessen sie dann ihre Wut über die Welt ausbreiteten.«

»Solche Menschen kenne ich auch. Aber wir sind von deiner Geschichte abgekommen.«

»Ja, sind wir. Nun, als mir das mit Marc bewusst wurde, stellte sich eine Wärme in meinem Herzen ein. Ohne weiter darüber nachzudenken, sprach ich leise: Marc, ich vergebe dir. Im selben Moment fühlte ich eine Leichtigkeit in mir, für die mir die Worte fehlen. Und jetzt halte dich fest. Kurz danach klingelte mein Handy. Ohne aufs Display zu schauen, wusste ich, wer mich angerufen hat.«

»Marc!«, rief Helen.

»Ja, Marc. In jenem Moment war mir vollends klar, dass wir mit allem und allen verbunden sind. Und dass es keine Zufälle gibt. Marc musste gefühlt haben, dass ich ihm in diesem Augenblick vergeben habe. Nicht weil er *wusste*, dass ich ihm vergeben habe. Sondern weil er es gefühlt hat.«

»Das sehe ich auch so, Marie. Ich glaube ernsthaft, dass alles mit allem verbunden ist. Die meisten unserer Zellen bestehen zu neunzig Prozent aus Wasser. Irgendwo habe ich einen Artikel gelesen, dass Wasser Informationen speichert und so etwas wie ein Bewusstsein hat. Ich glaube fest daran, dass unsere Billionen von Zellen auf unsere Gefühle, Emotionen, auf Lärm, Stress, Liebe und auf Worte reagieren. Wenn ich einem Kind sage, dass ich es liebe:

Wie wird seine Reaktion sein? Wenn ich demselben Kind sage, dass es dumm ist, wird es traurig sein und einen Schmerz fühlen. Milliarden von Zellen leben in unseren Herzen. Sie haben sich irgendwann zusammengefunden und unser Herz gebildet. Kannst du dir solch ein Wunder vorstellen? Die Menschen wissen überhaupt nicht mehr, dass sie wandelnde Wunder sind. Die Zellen im Herzen fühlen und reagieren auf alles, was sich außerhalb ihrer ereignet. Deshalb ist es besonders für Kinder wichtig, ihnen liebevolle Worte und Gedanken zukommen zu lassen. Denn auch Gedanken sind Energie und erzeugen Resonanzen.«

»Was du alles weißt.«

»Ich habe es irgendwann gelesen. Hans und Rainer interessieren sich ebenfalls für die Wunder des Lebens. Deshalb kann ich mich mit ihnen austauschen.«

»Du hast wirklich Glück mit deinem Hans. Er ist ein wahrer Schatz.«

»Ja, das ist er. Er hat zwar auch seine Macken, kann einem manchmal auf die Nerven gehen, doch niemand ist perfekt. Und das wissen Hans und auch ich. Deshalb stellen wir keine zu hohen Erwartungen an den anderen. Ich glaube, dass viele Ehen in die Brüche gehen, weil die Erwartungen an den Partner zu hoch sind. Und auch die Erwartungen an sich selbst. Fehler machen wir alle. Dadurch lernen und wachsen wir. Wir können Fehler als Erfahrungen annehmen, die uns weiterbringen, wenn wir hinsehen wollen.«

»Meine Erfahrung und Entscheidung waren die Auslöser, dass es mir seit gestern Abend wieder gut geht. Heute Morgen habe ich eine Leichtigkeit gefühlt, die mich glücklich macht.«

»Ich freue mich so sehr für dich, Marie.«

Sie nahmen sich in die Arme und drückten sich herzlich. »Danke, Helen. Sollen wir zu Hans und den Kindern gehen?«

»Das machen wir. Die Kinder vermissen dich bestimmt schon.«

Im Wohnzimmer spielte Hans mit den Kindern. Als sie Marie und Helen sahen, sprangen die Kinder auf und liefen auf sie zu. »Spielst du mit uns, Tante Marie?«, fragte Eva.

»Gerne spiele ich mit euch.«

Marie kniete sich auf den Teppich und spielte mit den Kindern. Helen ging währenddessen in die Küche und räumte den Geschirrspüler aus. Hans hatte während ihrer Abwesenheit den Tisch abgedeckt, das Geschirr in die Spülmaschine geräumt und in der Küche sauber gemacht. Bald war es für die Kinder Zeit, ins Bett zu gehen. Nach einigen Protesten und der Gewissheit, dass Marie bald nach Hause fahren würde, gelang es Helen und Hans, sie ins Bett zu bringen. Marie verabschiedete sich von ihrer Lieblingsfamilie, wie sie sie nannte, und machte sich froh gelaunt auf den Heimweg.

Während der Fahrt dachte sie darüber nach, wie es nun, mit ihren neuen Erkenntnissen, wohl weiterginge. Helen war der Meinung, dass Zeit wichtig sei. Mit der Zeit entstehen Lösungen und Überzeugungen in uns, die Klarheit bringen. Wenn die Zeit für was auch immer reif ist, dann wird das in unser Leben treten, was wichtig für uns ist und uns weiterbringt. Und wenn die Zeit für eine Unternehmung, eine Entscheidung oder Veränderung nicht reif ist, dann sollten wir geduldig sein. Weise Worte, dachte Marie.

Rainer hatte Helen gesagt, dass er früher oft mit dem Kopf durch die Wand wollte. Er wollte und wollte und alles immer sofort. Natürlich kann sich jeder vorstellen, dass jemand, der mit dem Kopf durch die Wand will, sich Wunden zufügt. Deshalb ist es ratsam, abzuwarten, bis die Zeit für eine Unternehmung und Veränderung reif ist. Wenn jemand etwas mit aller Gewalt herbeiführen will, es sich jedoch, welches Vorhaben auch immer, bleischwer anfühlt, dann sollte derjenige die Finger davon lassen. Wie oft hatte Marie gehört: *Ich hatte gleich ein schlechtes Gefühl und hätte besser die Finger davon gelassen. Hätte ich doch auf mein Gefühl gehört, dann wäre es nicht passiert.*

Gefühle sind wertvoll für uns, sie warnen uns manchmal und sie möchten, dass wir ihnen Gehör schenken. Ängste haben ebenfalls ihre Berechtigung. Jedoch keine überzogenen Ängste. Wenn ein Kind keine Angst hätte, sich an der Herdplatte die Finger zu verbrennen, würde es sie abermals anfassen. Unser Körper ist eine Einheit. So ist es ratsam, den Verstand zu benutzen. Denn dafür haben wir ihn schließlich. Doch es ist durchaus sinnvoll, auch auf sein Gefühl zu hören.

Rainer hatte gelernt, auf sein Gefühl zu hören. Auch mit Hilfe von Büchern und Kursen hatte er es sich beigebracht. Fehler, die er früher machte und die ihn auf unwegsame Pfade führten, würde er heute nicht mehr machen. Er folgte oft seinem Gefühl. Vor Monaten, als er online einen Flug buchen wollte, die Website jedoch immer wieder abstürzte, hatte sich ein seltsames Gefühl bei ihm eingestellt. Schlussendlich fehlten ihm zwei Mausklicks, um den Flug zu buchen. Sein Gefühl war so dominant, dass er es hatte sein lassen. Zu einem späteren Zeitpunkt wusste er, weshalb. Wenn er geflogen wäre, hätte er eine wichtige Besprechung verpasst, die dazu geführt hat, dass er einen besseren Job bekam. Marie mochte die Geschichte.

Marie hatte eine Idee. Auf der Arbeit war es ruhig. Ihr Chef würde nichts dagegen haben, wenn sie für einige Tage Urlaub beantragte. Ihr war nach Abstand von den ganzen Ereignissen. Auch wollte sie so eventuellen Verabredungen mit Uwe und Marc aus dem Weg gehen. Zu Hause setzte sie sich an den Laptop und schaute sich Lastminute-Reisen an. Mallorca kam nicht in Frage, ebenso wenig wie die Costa Blanca oder die Costa Brava, an der sie mit Marc ihren ersten gemeinsamen Urlaub verbracht hatte. Cádiz erschien auf ihrem Bildschirm, Andalusien, Costa de la Luz. Sie war sich sicher, dass sie Andalusien mochte, obwohl sie noch nie dort war. Sie liebte Flamenco, sie liebte das spanische Essen, die Sonne und das Meer. Erschwinglich war die Reise zudem auch. Zehn Tage inklusive Flug in einem charmanten Hotel mit dem magischen

Namen Alquimia. Die Bilder der Zimmer und des farbenfrohen Innenhofes gefielen ihr auf Anhieb.

Sie blickte auf ihre Uhr. Es war zu spät, sonst hätte sie ihren Chef noch angerufen. Sie würde es morgen früh als Erstes tun. Bevor sie ins Bad ging, schaute sie nochmals auf ihr Handy. Sie hatte es während der Fahrt auf *lautlos* gestellt. Es war Helen, die eine Nachricht auf dem Anrufbeantworter hinterlassen hatte. »Hallo, Marie. Mir ist noch etwas eingefallen. Die Entscheidung liegt natürlich bei dir. Vielleicht wäre es für Marc wichtig zu wissen, dass du ihm vergeben hast. Das Gespräch mit dir war super. Gute Nacht, meine Liebe, schlaf gut.«

Darüber hatte sie schon nachgedacht. Im Bad schaute sie in den Spiegel und war zufrieden mit dem, was sie sah. Ein entspanntes Gesicht mit strahlenden Augen. Selbst, wenn sie ein wenig müde wirkten. Das war in Ordnung. Morgen früh wollte sie ihren Chef und Marc anrufen.

Am nächsten Morgen sandte die Sonne wärmende Strahlen in ihre Wohnung. Marie nahm sich ihr Buch und las. Es war ihr, als unterstütze das Buch sie in ihrem Leben. Auf unerklärliche Weise fand sie oft Antworten auf ihre Fragen. Manchmal erhielt sie sogar Antworten, ohne eine Frage gestellt zu haben. Sie stand auf und schaltete als Erstes ihren Laptop ein. Die besagte Reise war noch zu haben. Der Flug wäre schon am morgigen Montag. Marie war fest entschlossen und rief nach dem Frühstück ihren Chef an. Sie hatte seine Handynummer, für alle Fälle.

»Guten Morgen, Frau Krämer, ich hoffe, es ist alles in Ordnung mit Ihnen.«

»Guten Morgen, Herr Keller. Es ist alles in Ordnung. Ich habe eine Frage. Besteht wohl die Möglichkeit, dass ich ab morgen elf Tage Urlaub bekommen könnte?«

Ihr Chef dachte nach.

»Schmitz ist da, Meyer und Frohn ebenfalls. Das geht in Ordnung. Was haben Sie noch an Aufträgen auf Ihrem Tisch liegen?«

Maries Herz machte einen Sprung. Alles in ihrem Leben schien nun auf positive Weise zu verlaufen.

»Sparkasse, die Visitenkarten und den Prospekt.«

»Das ist kein Problem. Das können die anderen auch. Schönen Urlaub, Frau Krämer.«

»Danke, Herr Keller.«

Marie ballte die Fäuste und rief die Reise-Website wieder auf. So schnell es ihr möglich war, klickte sie alles Wichtige an, nahm ihre Kreditkarte, gab zum Schluss die Nummer und die PIN ein, überlegte noch einen kurzen Moment und klickte auf *kaufen.* Geschafft! Ich fliege morgen nach Sevilla. Cádiz war nicht weit von Sevilla entfernt. Die Bus- und Zugverbindungen waren zufriedenstellend in Spanien. Marie stand auf und tanzte vor Freude. Sogleich rief sie Helen an. Noch bevor ihre Schwester etwas sagen konnte, rief Marie ins Telefon: »Ich fliege morgen nach Andalusien.«

»He, Marie, du fliegst wohin?«

»Nach Andalusien an die Costa de la Luz. An die Küste des Lichts heißt das auf Deutsch.«

»Davon hast du gestern nichts gesagt.«

»Das wusste ich gestern auch noch nicht. Die Idee kam mir während der Heimfahrt.«

»Du solltest öfters bei Nacht Auto fahren, Marie. Dann scheinst du die besten Ideen zu haben.«

Marie lachte. »Anscheinend ist das so. Ich habe meinen Chef angerufen. Der war einverstanden. Wie ich ihn kenne, ist er sogar froh darüber, dass seine Mitarbeiter Urlaub nehmen, wenn wenig Arbeit anfällt. Was durchaus verständlich ist.«

»Hast du meine Nachricht gestern Abend noch erhalten?«

»Ach ja, deine Nachricht. Ja, die habe ich gelesen. Danke dafür. Ich hatte schon länger die Absicht, es Marc zu sagen. Es betrifft ja schließlich ihn.«

»Er wird sich sicher darüber freuen. Und es wird sein Leben erleichtern. Möglicherweise keimt dann wieder so etwas wie Hoffnung in ihm auf.«

»Darüber habe ich mir auch so meine Gedanken gemacht.«

»Und wie sehen die aus, wenn ich fragen darf?«

»Du darfst fragen, Helen. Ich habe nachgedacht, ob ich irgendwann in Zukunft wieder mit Marc zusammenleben könnte.«

»Habe ich mir auch gedacht, Marie. Ich finde es jedenfalls super, dass du dich entschieden hast, für ein paar Tage wegzufahren. Wie lange bleibst du?«

»Zehn Tage in Cádiz. Das wird reichen. Die Reise ist preiswert und die Wetteraussichten für die Küste des Lichts könnten besser nicht sein. Tagsüber sechzehn bis neunzehn Grad und nachts zehn bis dreizehn. Und Sonne, Sonne, Sonne und nochmals Sonne.«

»Viva Espana!«, rief Helen. »War kein Platz mehr für mich frei, meine Liebe?«

»Schade! Ich habe leider nicht nachgesehen. Moment mal, die Idee ist gar nicht so schlecht. Das sollten wir uns vielleicht für später vormerken. Wir könnten gemeinsam für ein paar Tage an die Nord- oder Ostsee fahren. Im Sommer oder Herbst. Nur wir beide.«

»Ich mag die Idee. Das halten wir fest. Rufe mich bitte morgen an, wenn du angekommen bist.«

»Mache ich, Helen. Obwohl ich niemand anrufen wollte. Bei dir mache ich eine Ausnahme. Grüße deine Lieben von mir.«

»Gute Reise, Marie.«

»Danke, euch alles Gute.«

Marie tanzte ins Schlafzimmer, holte ihren kleinen Koffer vom Schrank, öffnete ihn und überlegte, was sie für ihren Urlaub an Kleidern brauchte. Sie hatte nie viele Sachen mit in ihre Spanienurlaube genommen. Eine Ersatzjeans, zwei leichte Kleider, zwei Blusen, Unterwäsche, Sandalen, ein Paar Schuhe zum Tanzen, einen Pullover und eine warme Jacke für kühle Nächte. Und das Übliche natürlich. Make-up und so weiter. Wenn sie irgendetwas vermissen sollte, konnte sie es auf dem Markt oder in einem Geschäft kaufen. Das Handgepäck war schnell gepackt. Marie prüfte, ob sie den Reißverschluss zubekam. Dem war so. Sie musste die Bordkarte und die Unterlagen für die Reise noch ausdrucken. Hoffentlich streikt der Drucker nicht wieder, dachte sie, ansonsten müsste sie ins Internetcafé oder zu Hans, bei dem immer alles zu funktionieren schien. Doch am heutigen Tag lief es auch bei ihr ohne Komplikationen. Sie schaute sich das Ausgedruckte an, kontrollierte nochmals alles genauestens und war zufrieden. Sitz 27 A, ein Fensterplatz im hinteren Bereich des Flugzeugs.

Marie setzte sich zufrieden auf die Couch und trank von ihrem Wasser. Marc anrufen, dachte sie. Sie wollte Marc anrufen. Etwas sträubte sich jedoch in ihr. Sie würde ihm sagen, dass sie ihm vergeben hatte. Marie dachte darüber nach, was diese Worte, einmal ausgesprochen, in ihrem Leben auslösen könnten. Sie konnte es nicht wissen und nicht voraussagen. Und das war auch gut so. Niemand war dazu in der Lage. Wichtig war, dass sie ihn anrief. Über alles andere hatte sie keine Kontrolle. Wir können nichts kontrollieren, hatte ihre Oma ihr gesagt. Wir können Vertrauen in unser Leben haben. Aber kontrollieren können wir nichts. Auch können wir nichts verlieren. Wir können noch nicht einmal unser Leben verlieren, weil unsere Seele, unser Geist ewig leben.

Oma Gertrud war eine weise Frau. Sie wusste mehr, als es den meisten bewusst war. Sie sprach nie viel. Weise Menschen erkennt man daran, dass sie wenig reden. Marie fiel noch etwas in Beziehung zu Marc ein. Ihre Oma hatte auch gesagt, dass wir weder Partner, Eltern oder Kinder verlieren können. Sie sind nicht unser Besitz und irgendwann nach dem Tod werden wir ihnen wieder begegnen. In welcher Form auch immer. Weil alles mit allem verbunden ist, klingt das sogar logisch. Sie konnte es sich jedenfalls vorstellen. Selbst, wenn es nicht einfach war. Ihre Oma wusste, wovon sie sprach. Sie hatte Abschied von ihrem Mann und ihrem Sohn nehmen müssen. Es hatte Jahre gedauert, bis der Schmerz der Trauer in ihr einigermaßen erträglich wurde. Trotz alledem hatte sie ihren Glauben, der ihr die Kraft zum Weitermachen gab, nie verloren.

Sie nahm das Handy und wählte entschlossen Marcs Nummer.

»Hallo, Marie, schön, dass du anrufst.«

»Hallo, Marc. Ich habe gesehen, dass du versucht hast, mich anzurufen. Ich wollte dich gestern zurückrufen, doch hatte ich viel zu tun.«

»Das macht nichts. Wie geht es dir?«

»Mir geht es gut. Und wie geht es dir?«

»Ehrlich gesagt, geht es mir überhaupt nicht gut.«

»Das tut mir leid. Ich habe erfahren, dass du dich von Conni getrennt hast.«

»Ja, ich habe schnell bereut, der Beziehung überhaupt eine Chance gegeben zu haben. Doch im Nachhinein ist man immer schlauer.«

»Marc, ich möchte dir etwas sagen.«

Kurzes Schweigen. Marc fühlte seinen Pulsschlag.

»Bist du noch da?«

»Ja, Marie, ich bin noch da.«

»Was ich dir sagen wollte, ist – Ich wollte dir sagen, dass ich dir vergeben habe. Wegen damals. Du weißt schon, was ich meine.«

Erneutes Schweigen. Marc holte tief Luft. »Danke, Marie, das ist großzügig von dir.«

Marc fand keine Worte.

Marie sagte. »Ich fliege morgen für zehn Tage nach Andalusien. Wenn ich zurück bin, können wir uns gerne treffen.«

»Das würde mich freuen, Marie. Dann wünsche ich dir eine gute Reise.«

»Danke, Marc, bis dann.«

»Bis dann, Marie.«

Marcs Stimme klang betrübt. Er tat ihr leid. Am liebsten wäre sie zu ihm gefahren und hätte ihn getröstet. Ihre Gedanken schweiften zum morgigen Tag. Urlaub, Sonne, Wärme, Strand, das Meer, köstliches Essen – das alles wartete auf sie. Uwe wollte sie auch noch anrufen. Was sie sogleich machte.

»Hallo, Marie, ich habe schon sehnsüchtig auf deinen Anruf gewartet. Sehen wir uns heute?«

»Hallo, Uwe. Nein, heute nicht.«

Marie wartete einen Moment. »Ich habe mich kurzfristig entschlossen, in Urlaub zu fliegen.«

»Oh! Und wann fliegst du?«

»Morgen früh nach Andalusien.«

»Das kommt ziemlich überraschend. Von deinen Urlaubsplänen hast du mir nichts erzählt.«

»Das konnte ich auch nicht, weil es eine spontane Entscheidung war. Heute erst habe ich gebucht.«

»Heute? Und morgen fliegst du schon?«

»Ich hatte das Gefühl, mal raus zu müssen.«

»Ja, ich verstehe. Das Gefühl hat jeder mal. Und wie lange bleibst du?«

»Zehn Tage.«

»Und heute können wir uns nicht sehen, Marie?«

»Nein, heute geht es nicht. Ich muss noch einiges vorbereiten. Wenn ich zurück bin, können wir uns gerne treffen.«

Marie blieb die Enttäuschung in Uwes Stimme nicht verborgen.

»Ja, dann gute Reise, Marie.«

»Danke, Uwe. Dir alles Gute. Tschüss.«

»Tschüss.«

Natürlich war er enttäuscht. Außerdem fühlte er bestimmt, dass sich in ihr etwas verändert hatte. Das konnte keinem verborgen bleiben. Auch Uwe tat ihr leid. Es schien erneut kompliziert zu werden. Schon wieder, dachte sie. Geht es im Leben denn nicht mal ohne Komplikationen ab?

Marie zog sich ihre Schuhe und den warmen Mantel an und ging in den Park. Was würde sie nur ohne den Park machen? Er spendete ihr Trost und war immer für sie da. Bis zur Dunkelheit blieb sie und machte es sich anschließend zu Hause bequem. Sie ging an diesem Abend zeitig zu Bett, weil sie früh aufstehen musste.

Am nächsten Morgen fuhr sie mit ihrem Wagen nach Horrem, parkte in einer Seitenstraße in der Nähe des Bahnhofs und begab sich schnellen Schrittes zu ihrem Zug, der sie ohne lästiges Umsteigen zum Flughafen brachte. Es war nass und kalt. Sie sah sich schon am Strand in der Sonne laufen. Zum In-der-Sonne-Liegen wird es wahrscheinlich nicht warm genug sein, vermutete sie.

Auf dem Flughafen war es ruhig. Um diese Jahreszeit flogen nicht viele in Urlaub. Die Ferien waren vorbei. Geschäftsleute und einige ältere Menschen hielten sich in den Cafés und Läden auf. Marie trank einen Kaffee, aß ein Croissant und begab sich anschließend zum Sicherheitscheck. Wie meistens wurde ihr Handgepäck überprüft und sie abgetastet. Sie war froh, als sie die Kontrollen hinter sich hatte. Es dauerte nicht mehr lange, bis auf der Anzeigetafel neben der Destination Sevilla *Boarding* aufleuchtete. Weil dieser Flug nicht ausgebucht schien, war sie schnell an Bord, beförderte ihr Gepäck in die Ablage und setzte sich auf ihren Sitz. Als die Stewardessen die Türen verriegelten, stellte Marie fest, dass das Flugzeug nur zur Hälfte belegt war. Sie hatte das Glück, eine ganze Sitzreihe für sich zu haben. Während die Maschine zur Startbahn rollte, erklärten die Stewardessen die Sicherheitsbestimmungen und führten vor, wie die Schwimmwesten und Sauerstoffmasken im Notfall zu handhaben waren.

Die Stimme des Kapitäns erklang. »Guten Morgen, meine Damen und Herren. Wir freuen uns, Sie heute bei Iberia Airways auf dem Flug nach Sevilla begrüßen zu dürfen. Unsere Flugzeit beträgt in etwa zwei Stunden. Die Wetterbedingungen sind, außer einigen wenigen Turbulenzen, recht gut. In Sevilla erwarten Sie zwölf Grad bei leichter Bewölkung. Machen Sie es sich bequem und genießen Sie den Flug.«

Zwölf Grad, dachte Marie. Das ist nicht viel. Da fiel ihr ein, dass es an der Küste, in Cádiz, wärmer war. Sie nahm ihr Buch und las. Als sie die Flughöhe erreicht hatten, erschienen die Stewardessen mit dem Servicewagen. »Möchten Sie einen Kaffee, ein Croissant oder sonst etwas?«

»Einen Kaffee bitte«, sagte Marie.

»Milch und Zucker?«

»Nein, danke.«

»Drei Euro bitte.«

Marie gab der freundlichen Brünetten das Geld. Der Kaffee schmeckte weder gut noch schlecht, wie meistens auf Flügen. Doch er war heiß und das war ihr in jenem Moment wichtig. Marie nippte an ihrem Kaffee und las weiter. Hin und wieder schaute sie aus dem Fenster. Gerne verlor sie sich in den Wolkenfeldern und stellte sich gleichzeitig vor, wie groß das Universum wohl war. Und sie liebte es, nach unten aufs Land zu sehen, wenn die Wolken ihr nicht den Blick versperrten. Dann musste sie daran denken, was die Menschen alles erschaffen hatten. Im Laufe der Zeit hatten sie Häuser gebaut, Autos, Fernseher, Handys, Computer erfunden. Sogar Flugzeuge kreiert, mit denen man in kürzester Zeit von einem Land in ein anderes flog. Im gleichen Moment sah sie ein weiteres Flugzeug, das in entgegengesetzter Richtung düste und ihr die Geschwindigkeit, mit der sie sich fortbewegten, verdeutlichte. Es waren mittlerweile zu viele Flieger in der Luft, hatte Hans ihr gesagt. Auch würden weltweit immer mehr Autos zugelassen. Es würden mehr Güter hergestellt und damit unsere Umwelt in einem Maße belastet, das deren Grenzen schon lange überschritten hätte. Marie fuhr seit Jahren nicht mehr gerne mit ihrem Auto. Es war ihr einfach zu viel. Und sie stand auf der Autobahn oft im Stau. Manch einer verbrachte zwei bis vier Stunden täglich in seinem Wagen.

Wenn sie nach Spanien wollte, war sie mit dem Flugzeug innerhalb zweier Stunden dort.

Der Flug war kurzweilig, zumal ihr neues Buch sie faszinierte und belehrte. *Die Menschheit schreit nach Liebe. Die Lösung für was auch immer ist Liebe. Eigenliebe, die nichts mit narzisstischer Liebe gemein hat, ist kostbar.* Marie machte sich vielerlei Gedanken über die Liebe. Insbesondere über die Eigenliebe. Die anscheinend die Lösung für viele Probleme war. Da ist etwas dran, davon war sie überzeugt. *Wenn ein Mensch sich selbst liebt, dann liebt ihn ebenso sein Leben. Wie kann jemand erwarten, ein Leben in Liebe und Glück zu leben, wenn er sich nicht selbst liebt.* Verständlich, dachte sie. Wieso hatte sie sich nicht mehr geliebt, als Marc sie betrogen hatte? Moment mal, betrogen hatte? Hatte er sie überhaupt betrogen? Wenn er willentlich gehandelt hätte, bei vollem Verstand, dann könnte sie es als Betrug bezeichnen. Doch er war unzurechnungsfähig. Wenn sie ihm damals, nachdem er sich mehrmals bei ihr entschuldigt hatte, verziehen hätte, würden sie heute noch glücklich zusammenleben. Vielleicht glücklicher als je zuvor. Denn Liebe heißt auch verzeihen können. Aber das war ihr damals, als sie den Schmerz empfand, nicht bewusst. Heute wusste sie es. Und sie konnte schließlich nur mit dem Wissen von heute handeln. Nicht mit dem Wissen und den Erfahrungen, die sie morgen oder übermorgen erlangte. Diese Erkenntnisse gaben ihr einen Kick. Sie fühlte Glück in ihrem Herzen. Marie bekam eine kleine Ahnung davon, dass diese speziellen Erkenntnisse sie in ihrem Leben weiterbringen würden. Jede Erfahrung ist wertvoll, auch wenn manch eine schmerzhaft ist und wir sie nicht wollen.

Einige kleine Turbulenzen beunruhigten Marie nicht. Was sie beim Fliegen absolut verabscheute, war Sturm bei der Landung. Die Anschnallzeichen blinkten auf. Der Kapitän meldete sich, sprach von der Flughöhe und erklärte, dass die Landung in dreißig Minuten erfolgen würde. Marie freute sich wie ein kleines Kind. *In einer halben Stunde bin ich in Spanien.*

Es war ihr erster Urlaub in der Fremde ohne Marc. Die Urlaube mit Marc waren immer voller Freude, Liebe, Unternehmungen und Genuss. Er konnte das Leben genießen. Und hat es gerne mit ihr geteilt. Er war kein Egoist, der nur an sich selbst dachte. Oft fragte er Marie, was sie möchte. Ob sie lieber einen Tag am Strand verbringen oder das Land erkunden wollte. Sie hatten beides geliebt. Zu den Strandtagen gehörten Aktivitäten wie Schwimmen, Spaziergänge und ihre Lieblingsbeschäftigung, das köstliche spanische Essen zu genießen und dazu einen guten Roten. Ja, ja, einen guten Roten, dachte Marie, auf den werde ich dann halt verzichten müssen.

Sie befanden sich auf dem Landeanflug. Marie schaute aus dem Fenster. Die Sonne schien. Ihr Herz machte Luftsprünge. Was sie wohl in Andalusien erwartete? Die Landung erfolgte sanft. Während die Maschine zum Flughafengebäude rollte, packte Marie das Buch und die Lesebrille in ihre Tasche und war bereit für den Ausstieg. Die ersten ungeduldigen Passagiere sprangen schon auf und warteten nicht, bis die Anschnallzeichen erloschen. Als das Flugzeug zum Stehen kam, löste Marie ihren Anschnallgurt, stand auf, begab sich in den Gang und öffnete das Gepäckfach. Nach wenigen Minuten wurden die Türen geöffnet. Sie nahm ihren Handkoffer aus der Ablage und wunderte sich über das Gewicht. Sie hatte wenig eingepackt. Das leichtgewichtige Gepäck spiegelte ihr Inneres wider. Schwere Tage hatte sie zur Genüge hinter sich. Die ersten Fluggäste verließen die Maschine. Marie folgte ihnen Minuten später.

Den Flughafen von Sevilla hatte sie sich größer vorgestellt. Schnell befand sie sich vor dem Flughafengebäude und sah sich nach einem Bus um, der sie zum Bahnhof bringen würde. Zum Glück war ihr Englisch ganz gut und ein wenig Spanisch konnte sie ebenfalls. Sie wollte es während ihres Urlaubs auffrischen. Und sie freute sich darauf. Sie liebte die Sprache als auch die Musik und das Land. Sie war in Spanien, wurde ihr bewusst. Marie zog ihre Jacke aus, weil es angenehm warm war. Der Kapitän hatte zwar nur zwölf Grad angekündigt, doch die fühlten sich, im Gegensatz zu den Temperaturen in Deutschland, in der Sonne angenehm an.

Es war nicht schwer, den richtigen Bus ausfindig zu machen. Nur wenige standen vor dem Flughafen. »Estacion de tren, por favor. Zum Bahnhof bitte«, sagte sie dem Busfahrer und war stolz, es auf Spanisch gesagt zu haben. Während der Fahrt sah sie sich Sevillas Vorstadt an, die wie die meisten anderen Vorstädte nicht vor Attraktivität strotzte. Trotzdem blickte sie sich um, weil sie auch das normale Leben interessierte. Im Stadtkern war das Touristen-Sevilla zu sehen. Die Attraktionen halt.

Mit Marc hatte sie in fremden Ländern die Bars und Restaurants aufgesucht, in denen Einheimische verkehrten. Möglichst viele Ortsansässige und Ältere, hatte Marc gesagt. Er hatte fast immer die richtige Wahl getroffen. Und es war wichtig, in die Gesichter der Angestellten und, wenn möglich, in das des Kochs zu schauen. In ihren Augen war abzulesen, ob das Essen gut war. Misslaunige Köche können kein wirklich gutes Essen zubereiten. Und unfreundliche Menschen servierten keine hervorragenden Gerichte, waren seine festen Überzeugungen.

Marie wünschte sich Marc an ihrer Seite, als sie aus dem Bus stieg und sich vom Fahrer verabschiedete. »Adios«, sagte sie. Der Fahrer verabschiedete sie mit einem charmanten Lächeln. »Adios, Señora, buen viaje.« Auf Wiedersehen, gute Reise. Marie bedankte sich im Stillen für seine Freundlichkeit. Sie hatte über zwei Stunden Zeit bis zur nächsten Abfahrt. In einer Seitenstraße fand sie ein kleines Restaurant, in dem sie Tortilla und ein Bohnengericht mit Schinken bestellte, das sie liebte. Als der Kellner sie auf Spanisch fragte, was sie trinken möchte, antwortete sie: einen *vino tinto*, einen Rotwein. Und wunderte sich gleichzeitig. Sie hatte soeben ein Glas Wein bestellt, wurde ihr klar. Ja, sie wollte dazu stehen, wieder Wein zu genießen. Schließlich war sie keine Alkoholikerin. Ein wenig Angst machte es ihr schon, als der Kellner mit der Flasche Rotwein und dem Glas erschien. Marie verfolgte aufmerksam, wie er das Glas zur Hälfte füllte, bestellte zusätzlich ein Wasser und bedankte sich. »Muchas gracias. Vielen Dank.«

»De nada, bitte gerne«, antwortete der Kellner mit einem Lächeln.

Marie überlegte nicht lange, nahm das Glas und trank. Es schmeckte ihr und war die richtige Entscheidung. Kurze Zeit später erschien der Kellner erneut, stellte ihr eine kleine Flasche Wasser, ein zusätzliches Glas und einen Korb mit Brot auf den Tisch. Marie bedankte sich und nahm einen zweiten Schluck Wein, der eine wohlige Wärme in ihrem Magen ausbreitete. Wein ist etwas Gutes, wenn der Mensch nicht zu viel davon trinkt, ermutigte sie sich.

Minuten später stand ihr Essen auf dem Tisch. Ich sitze im Winter vor einem Restaurant in der Sonne und genieße mein Essen und ein Glas Rotwein, dachte Marie. In Deutschland herrschten weiterhin Temperaturen um den Gefrierpunkt. Schneeregen und keinerlei Aussicht auf Sonnenstrahlen. Bei diesen Gedanken hielt sie ihr Gesicht in die Sonne. Vitamin D erhielt sie zusätzlich und brauchte es nicht in der Apotheke zu kaufen. Marie schmunzelte. Liebend gern wäre sie vor Jahren schon nach Spanien ausgewandert. Mit der Arbeit wäre es nicht einfach gewesen. Doch andere Deutsche hatten es gewagt. Klar, manche waren gescheitert. Viele waren jedoch erfolgreich und lebten heute noch im Land ihrer Träume.

Sie hatte im Fernsehen vor Jahren einen Bericht über eine deutsche Familie gesehen, die nach Teneriffa ausgewandert war. Der Vater, ein Bauunternehmer, hatte vor laufender Kamera immer wieder darauf hingewiesen, wie wichtig und wertvoll es sei, die Sprache des Landes zu beherrschen, in dem man leben wollte. Und er hatte noch angeführt, dass die Menschen sich erst einmal dort einfühlen sollten, wo sie viele Jahre zu leben vorhatten. Der Kontakt zu den Einheimischen sei ebenfalls wichtig. Einheimische Freunde zu haben. Möglichst schon Monate zuvor einige Zeit dort zu leben. Er wollte eine Firma in Spanien etablieren und hatte sich gründlich vorbereitet. Hatte drei Monate in dem Ort verbracht, in dem er mit seiner Frau und zwei minderjährigen Kindern leben wollte. Einige Geldreserven waren ebenfalls hilfreich.

Manche waren bei der Verwirklichung, im Ausland zu leben, gescheitert, weil sie die Voraussetzungen nicht geschaffen hatten. Natürlich gehörte auch etwas Glück dazu. Wichtiger war jedoch, den Versuch überhaupt unternommen und sich auf den Weg seiner Lebensträume gemacht zu haben. Anstatt ein Leben lang nur zu träumen.

Ja, dachte Marie, die Voraussetzungen schaffen. Sich vorbereiten. Sie machte sich Gedanken, ob ein Leben mit Marc in Spanien früher möglich gewesen wäre. Marc liebte das Land genauso wie sie. Sie brauchten ein regelmäßiges Einkommen. Als Fotosetzerin, mit vielen Jahren Berufserfahrung im Layout, hätte sie sich selbstständig machen können. Was sicher nicht einfach wäre. Ausgezeichnete Spanischkenntnisse waren ebenfalls erforderlich. Sprachen konnte jeder lernen. Eine Anstellung in einer Druckerei lag im Bereich des Möglichen. Gegebenenfalls in einer deutschen Druckerei. Doch was hätte Marc gemacht? Er arbeitete in der Versicherungsbranche. Hatte einen gut bezahlten Bürojob. Ob er etwas Ähnliches in Spanien gefunden hätte, da war sie sich nicht sicher.

Marie schaute auf die Uhr. Noch fünfzig Minuten bis zur Abfahrt. Sie leerte ihr Glas Wein und trank das Wasser, bezahlte, bedankte sich und ging langsam zum nahe gelegenen Bahnhof. Sie fühlte sich ausgezeichnet und war mit sich im Reinen, ein Glas Wein getrunken zu haben. Das gehörte in Spanien einfach dazu. Am Bahnhof befanden sich nicht viele Menschen. Während sie nach dem Gleis 7 Ausschau hielt, von dem ihr Zug bald abfahren würde, dachte sie daran, ihre Handtasche, die sie um die Schulter hängen hatte, fester an sich zu ziehen. Auf Bahnhöfen oder in Touristenzentren war es ratsam, auf seine Wertsachen achtzugeben.

Fünfzehn Minuten vor der Abfahrtzeit fand sie sich auf dem Gleis 7 ein. Der Zug stand schon zur Abfahrt bereit. Sie stieg ein, suchte sich ihren reservierten Platz, legte ihr Handgepäck ins Gepäckfach und machte es sich bequem. Sie nahm ihr Buch und las, bis der Zug sich in Bewegung setzte. Auf dem Bildschirm erschienen die ersten Stationen und die jeweiligen Fahrzeiten bis dorthin. Ausgezeichneter Service, so konnte jeder sehen, wie lange es bis zum Zielbahnhof dauerte. Und wann er aussteigen musste.

Marie legte ihr Ratgeberbuch zur Seite und nahm sich den Reiseführer von Andalusien. Vorzügliches Essen, Musik, Sonne, Licht, Strand, Sherry, Wein und freundliche Menschen, las sie. Synonyme für das Land, in dem sie sich befand. Was kann man Lobenswerteres über ein Land sagen? Sie freute sich auf all das und wollte es nach Jahren des Schmerzes und der Entbehrung dankbar annehmen. Es war die richtige Entscheidung, nach Spanien zu reisen. Manchmal muss der Mensch einfach spontane Entscheidungen treffen. Ihr wurde bewusst, dass sie wieder die Energie dafür hatte.

Während ihrer depressiven Phase hätte sie nicht die Kraft gehabt, eine Reise nach Spanien zu unternehmen. Und allein schon gar nicht. Sie war damals froh gewesen, überhaupt noch die Kraft zu haben, ihre Arbeit einigermaßen zu verrichten. Ihr Chef hatte in dieser Zeit oft ein Nachsehen mit ihr. Er hatte ihr gesagt, dass sie Pausen einlegen könne, wenn sie diese benötigte. Das hatte sie ihm hoch angerechnet und nie vergessen. Seitdem kannte sie seine soziale Ader. Er war ein feiner Mensch. Deshalb war sie der Firma treu geblieben, obwohl sie andere Möglichkeiten gehabt hätte. Mit einem noch besseren Gehalt. Doch Geld war nicht alles. Sich auf der Arbeit, obwohl es manchmal zu viele Stunden waren, wohlzufühlen, war weitaus wertvoller, als ein paar Euro mehr auf dem Konto zu haben.

Nächste Station Jerez, vernahm sie aus den Lautsprechern und schaute auf den Bildschirm. Da kam der gute Sherry her, den Helen so liebte. Dann war es nicht mehr weit bis Cádiz. Marie musste an Uwe denken. Sie hatte ihm gesagt, dass sie ihren Urlaub brauche, um zu sich zu finden. Um Abstand von all dem Geschehenen der letzten Jahre zu gewinnen. Deshalb wollte sie auch keine Telefongespräche während dieser Zeit führen. Das hatte sie auch Marc, ihren Eltern und Helen gesagt. Natürlich hatte ihre Mutter sie mal wieder nicht verstehen wollen. Du kannst mich doch anrufen und zumindest sagen, dass du gut angekommen bist. Sonst wüssten sie ja schließlich nicht, ob irgendetwas passiert sei. Marie hatte ihr geantwortet, dass sie gut ankommen und nichts passieren würde. Es könnte ja aber, waren die Worte ihrer Mutter. Ängste, nichts als Ängste, dachte Marie nach dem Telefonat. Sie konnte das Wort *aber* von ihrer Mutter nicht mehr hören. *Aber*, *aber* und nochmals *aber*.

Als der Zug sich wieder in Bewegung setzte, lenkte sie ihre Gedanken aufs Meer, dass sie in Kürze sehen würde. Sie war viel zu aufgeregt, um weiter im Buch zu lesen. Die Gegend interessierte sie weitaus mehr. In der Kindheit liebte sie es, vom Zug aus die Landschaft zu betrachten und sich vorzustellen, wie die Menschen dort draußen lebten. Die Fantasie war oft mit ihr durchgegangen. Ihre Mutter hatte sie oft ermahnt, keinen Unsinn zu reden, wenn sie von Engeln und Feen fantasierte. Marie liebte ihre Engel, die sie als Kind und auch heute noch beschützten. Und sie glaubte an ihren Schutzengel, ohne den sie ihre schwere Zeit wahrscheinlich nicht überlebt hätte.

Helen war ebenfalls einer ihrer Schutzengel. Ihre Schwester war glücklich, ihr helfen können. Helen hätte sich niemals verzeihen können, wenn sich Marie etwas angetan hätte. Sie liebten sich und seit Kurzem sprachen sie es aus. »Ich liebe dich, Marie«, klangen die Worte ihrer Schwester von weit her in ihrem Ohr. Wundervolle Worte, dachte sie und fühlte Wärme in ihrem Herzen. »Ich liebe dich auch, Helen. Und sende dir und deiner Familie Liebe, Licht und Segen«, sprach sie leise in die Weite Andalusiens. Und wunderte sich gleichzeitig über ihre Worte. *Liebe, Licht und Segen,* klangen in ihr nach. Die Worte fühlten sich heilend an. Sie trugen zur Heilung der Menschheit bei, wurde Marie bewusst. Ebenso wie Vergebung zur Heilung von Wunden beitrug.

Wir müssen die Wunden der Kriege, der Morde, der Vergewaltigungen, der Lügen und der vielfältigen Schmerzen in der Welt heilen, dachte Marie. Und wir können sie heilen. Zuerst müssen wir sie in uns selbst heilen. Und wir können sie in uns selbst mit Liebe und Vergebung heilen. Sie glaubte es. Sie glaubte es immer fester. Seit sie es verinnerlicht hatte, was lange gedauert hatte, sandte sie auch Liebe, Licht und Segen in ihr Inneres. Sie sandte Liebe zu ihren Zellen, zu ihrem Herzen, ihren anderen Organen und ihrem gesamten Körper. Wir können unsere schmerzvollen Schatten in unseren Herzen mit Liebe und Licht reinigen.

Alle Menschen sind als liebevolle Wesen geboren, glaubte Marie. Jedes Baby strahlt Liebe aus, nichts als Liebe. Ein Neugeborenes *ist* Liebe. Nichts anderes. Alle Babys sind Liebe, wurde Marie klar. Das muss sich in den Köpfen und auch Herzen der Menschen manifestieren. In diesem Sinne sind alle Menschen gleich. Es gibt keine Unterschiede. Nur die unwissenden Erwachsenen reden Kleinkindern irgendwann ein, dass ihre Nachbarn *anders* seien. Dass ihr Essen anders riecht, ihre Kleidung fremd aussieht und ihr Gott einen seltsamen Namen hat.

Helen hatte ihr erzählt, dass Eva nach dem Kindergarten zum Mittagessen bei ihren Nachbarn war. Evas Freundin aus dem Kindergarten hatte deren Mutter von ihren Freunden Jussuf, Esteban, Sude und Francesco erzählt. Dass es so liebe Freunde seien. Ihre Mutter hatte gleich damit begonnen, ihr die ganzen Unterschiede aufzuzeigen. Das hatte ihre Freundin traurig gestimmt. Sie war sich sicher, dass ihre Mutter sie nicht im Geringsten verstand. Eva hatte mit ihren Eltern darüber gesprochen. Helens Versuche, mit ihrer Nachbarin über das Thema zu reden, waren nicht von Erfolg gekrönt. Schade, dachte Marie. Sie kannte Jussuf und Sude, die hin und wieder mit Eva und ihren Geschwistern im Haus spielten. Es waren genauso wundervolle Kinder wie Helens eigene. Es würde allen besser gehen, wenn wir unseren Kindern von Anfang an mitteilten, dass ihre Freunde willkommen waren. Das wäre zugleich der Beginn zum Weltfrieden.

Dass unwissende Erwachsene auch immer wieder Unterschiede machen mussten. Marie wusste von Eva, dass Jussuf und Sude irgendwann nicht mehr zu ihr durften. Deren Eltern hatten es ihnen verboten. Weil sie halt anders waren. Eva hatte auch Ärger mit anderen Nachbarn bekommen, weil sie ihnen freiheraus sagte, dass sie nicht so blöde kucken sollten, wenn sie mit ihren Freunden an ihnen vorbeiging. Helen hatte ihre Tochter zurechtgewiesen, auf diese Weise nicht mit den Nachbarn zu reden. Obwohl Helen den Mut Evas bewunderte. Sie hätte den Nachbarn am liebsten noch andere Worte gesagt. Die meisten Menschen wissen überhaupt nicht, wie wundervoll ihre Mitmenschen aus anderen Kulturen und Ländern sind. Helen, Hans und die Kinder hatten einige Male Einladungen zum Essen bei Jussufs und Sudes Eltern angenommen. Die Eltern waren warmherzige und äußerst gastfreundliche Menschen. Als diese bei Helen zum Essen eingeladen waren, nahm Hans bei einigen Nachbarn Bewegungen hinter den Gardinen wahr, während sich die Familie auf dem Weg zu ihrem Haus befand. Hans hatte nur mit dem Kopf geschüttelt.

Marie nahm sich ein Taschentuch und wischte ihre Tränen ab. Ihr wurde bewusst, dass es auf dem Weg zu ihrer Selbstliebe wichtig war, Marc vergeben zu haben. Sie hatte ihren Schmerz losgelöst und entlassen. Der Schmerz war aus ihr herausgetreten. Sie fühlte deutlich, dass er nicht mehr da war. Je mehr sie darüber nachdachte, desto klarer wurde ihr, wie bedeutend die Entscheidung war. Marie kam es vor, als wäre sie zu einem neuen Menschen gereift. Sie war nicht mehr die Gleiche wie zuvor. Erfahrungen, Erkenntnisse, Entscheidungen, Gefühle der Liebe und auch des Schmerzes verändern Menschen. Verändern unser gesamtes Innenleben. Zellen erneuern sich, sterben ab, vermehren sich, leben, fühlen Liebe, fühlen Stress und Schmerzen.

Wenn du dich auf einen Weg begibst, bist du, wenn du das Ziel erreichst, nicht mehr derjenige, der du zuvor warst, lautet eine Weisheit der Ureinwohner Amerikas. Der Weg und auch der Mensch, der den Weg beschritten hat, haben sich verändert. Marie fand diese Weisheit bemerkenswert, während sie weit über das blaue Meer sah. Blau war ihre Lieblingsfarbe. Indigoblau. Es dauerte nicht mehr lange, bis der Zug im Bahnhof von Cádiz einfuhr und mit quietschenden Bremsen zum Stillstand kam. Es ruckelte leicht. Ein höflicher junger Spanier mit einem breiten Lächeln half ihr, den Koffer aus dem Gepäckfach zu heben. »Muchas gracias«, bedankte sich Marie und musste lachen. »De nada«, antwortete der gut aussehende Mann, der mindestens zehn Jahre jünger war als sie.

Marie stieg schmunzelnd aus dem Zug. Der Spanier hatte ihr ihre inneren Gefühle widergespiegelt. Klar, dachte sie, wie sollte es auch anders sein. Unsere Mitmenschen fühlen unsere eigenen Gefühle. Sie sehen es in den Augen. Wie soll ein Mensch, der verbittert ist und ständig jammert, wohl erfreuliche, liebevolle Reaktionen erhalten. Wenn jemand lächelnd ein Geschäft betritt, erhält er meistens ein Lächeln zurück. Wenn die Verkäuferin oder der Verkäufer nicht eben einen schlechten Tag hat, was ja durchaus zu verstehen ist. Ein Mensch kann nicht fröhlich lächeln, wenn er ernsthafte Probleme hat.

Als Marie sich zu einem Taxi begab, kam ihr ein älterer Mann entgegen, er warf seine Zigarettenkippe weg, begrüßte sie freundlich und öffnete den Kofferraum seines Wagens. Anschließend hielt er Marie die hintere Tür auf. Nachdem der Taxifahrer ihre Tür geschlossen und den Fahrersitz eingenommen hatte, drehte er sich zu ihr um. »Hotel Alquimia, por favor«, sagte Marie. Der Mann nickte und fuhr los. Sie wusste, dass es nicht weit bis zum Hotel war. Das, was sie während der Fahrt von Cádiz sah, gefiel ihr auf Anhieb. Es war nicht das Touristenspanien. Nach wenigen Minuten parkte der Taxifahrer den Wagen in einer kleinen Seitenstraße vor einem großen Gebäude. Marie bezahlte den Betrag für die

Fahrt. Der Taxifahrer stieg aus, öffnete ihr die Tür, ging dann zum Kofferraum, nahm ihren Koffer und wünschte ihr einen schönen Tag. Marie bedankte sich und stieg erwartungsvoll die Stufen zum Hotel hinauf.

Das Hotel machte auf Anhieb einen äußerst charmanten Eindruck auf sie. Die Eingangshalle mit der kleinen Rezeption war von Blumenschmuck und größeren Grünpflanzen flankiert. Ein antiker Schrank, ein bequemes Sofa und zwei Rattan-Sessel schmückten den hohen Raum. An der Rezeption empfing sie ein lächelnder Mittfünfziger, der sich mit seinem Vornamen José vorstellte. Marie fühlte sich von Anfang an wohl in dem Hotel. Leider stellte sie fest, dass ihre geringen Spanischkenntnisse für eine Konversation nicht ausreichten. Schade, dachte sie, nahm ihren Zimmerschlüssel entgegen, bedankte sich und ging zum Aufzug, der sie in den vierten Stock brachte.

Nachdem sie ihr Zimmer betreten hatte, setzte sie sich auf das Bett und staunte über die Wandtapete, die aus einem riesigen Gemälde bestand. Marie schaute es sich genauer an. Da war die Chinesische Mauer, Japan war zu erkennen, der Machu Picchu in Peru, Jerusalem, Russland und Spanien. Das Ganze wirkte auf sie wie die Dokumentation einer Weltreise. Sie wollte den Hotelier dazu befragen. Marie packte ihre wenigen Sachen aus und hängte sie in den Holzschrank. Sie hätte lieber ein Zimmer mit Meerblick gehabt, doch die vielen Blumen im offenen Innenhof und der Blick in den blauen Himmel begeisterten sie auch. Am Meer konnte sie sich tagsüber erfreuen.

Sie nahm sich ihre leichte Strickjacke, zog ihre Sandalen an und ging zum Aufzug. Als sie durch die Eingangshalle ging, war kein Mensch zu sehen. Marie liebte die Ruhe und machte sich auf, Cádiz mit Hilfe eines Stadtplans, den José ihr gegeben hatte, zu erkunden. Schnell erkannte sie, dass es schwierig war, sich in der ältesten Stadt Westeuropas zurechtzufinden. Sie mochte Cádiz, das viel Charme ausstrahlte. Insbesondere liebte sie die Plätze mit altem

Baumbestand, Blumen und Grünpflanzen. Es ist Januar, dachte sie erneut. In Andalusien war von Winter nichts zu spüren. Ihr Ziel war der Markt, außerdem wollte sie einige Restaurants ausfindig machen, in denen sie am Abend die lokalen Spezialitäten ausprobieren konnte. Darauf freute sie sich schon. Es dauerte nicht lange, bis sie ihr favorisiertes Restaurant Ultramar & Nos gefunden hatte. Es befand sich nicht weit von ihrem Hotel entfernt.

Bis Marie den Markt endlich erreichte, hatte sie sich einige Male in den vielen Gassen verlaufen. Sie musste über sich selbst lachen und schaute sich an, was ihr an historischen Sehenswürdigkeiten geboten wurde. Etliche Kulturen, wie die der Phönizier, Römer, Goten, Juden, Muslime und Christen, hatten in Tausenden von Jahren in der Provinz Cádiz ihre Spuren hinterlassen.

Auch der Markt, den sie bald erreichte, gefiel ihr, obwohl schon viele Stände ihre Geschäftigkeit eingestellt hatten. Nur noch wenige boten ihre Spezialitäten dar. Marie bestellte an einem Stand eine kleine Käseplatte und dazu ein Glas Sherry, das ihr von dem Verkäufer empfohlen wurde. Ein trockener Sherry müsse es sein, weil der fettige Käse ansonsten schwer im Magen liegen würde. Soweit hatte sie die Worte mittels der Gesten des jungen Mannes hinter der Ladentheke verstanden. Sie setzte sich auf einen der bereitgestellten hohen Holzstühle an einen Tisch und probierte den ersten der vier Käse. Der Verkäufer hatte ihr verständlich gemacht, in welcher Reihenfolge die Käse zu verzehren seien. Als sie beim letzten angelangt war, wusste sie, weshalb. Vom Geschmack waren sie alle erstklassig. Nur war der erste milder und der letzte übertraf alle mit einem kräftig-würzigen Geschmack. Deshalb ergab die Reihenfolge durchaus einen Sinn. Und der Sherry musste einfach sein, weil er ihrem Magen nach der Käseplatte guttat.

Am späten Nachmittag begab sie sich zu dem Punkt in Cádiz, an dem die Sonnenuntergänge am spektakulärsten waren, wie ihr Reiseführer versprach. Die Costa de la Luz machte an diesem Tag ihrem Namen alle Ehre. Das weiche rosafarbene Licht kurz vor Sonnenuntergang verbreitete eine beglückende Stimmung. Marie musste an Marc denken. Sie hätte sich nun gerne an ihn gelehnt und mit ihm das Schauspiel bewundert. Vielleicht, dachte sie, in Zukunft wieder. Wer weiß schon, was alles auf uns zukommt. Uwe kam ihr in den Sinn. Wenn sie an ihn dachte, war er immer weit weg. Marc jedoch war ihr bei jedem Gedanken nahe. Wie würde es weitergehen?

Nach dem Sonnenuntergang wurde es sichtlich kühler. Marie spazierte vergnügt zu ihrem Hotel zurück und machte Bekanntschaft mit Josés Frau, die aus Cádiz stammte. Ihr Mann sei aus Galizien, erklärte sie ihr. Marie ging auf ihr Zimmer, holte ihre warme Jacke und freute sich auf das Abendessen. Auf dem Weg zum Restaurant entdeckte sie eine Eislauf-Anlage, auf der Kinder Schlittschuh liefen. Es war der Tag vor den Heiligen Drei Königen. In Spanien erhielten die Kinder nicht an Weihnachten die Geschenke, sondern am sechsten Januar. Deshalb befanden sich viele überwiegend spanische Familien in den Gassen und auf den Plätzen. Die meisten hatten noch Urlaub. Touristen waren wenige zu sehen. Sie konnte sich zwar mit niemandem verständlich unterhalten, doch das war ihr recht. Sie hatte nicht das dringende Bedürfnis, Gespräche zu führen. Die Ruhe und das Alleinsein waren ihr wichtig.

Marie stellte sich neben die Eislaufbahn und lauschte der weihnachtlichen Kindermusik, die aus den Lautsprechern drang. Sie mochte die Musik und sah den Kindern gern beim Schlittschuhlaufen zu. Hübsche Kinder waren es. Eine gewisse Melancholie schlich sich in Maries Herz. Die Kinder hatten es verdient, in einer friedlichen Welt zu leben. Wir Erwachsene müssten ihnen mehr Liebe zukommen lassen. Dann gediehen sie auch in Liebe und konnten diese an ihre Nachkommen weitergeben. Die Politiker, die die Fäden in der Hand hielten, sollten verantwortungsvoller handeln. Was auch immer sie entschieden, sollte ausschließlich mit friedlichen Gedanken und Handlungen erfolgen. Der Planet Erde war so wundervoll. Die meisten Menschen, egal welcher Nationalität oder Religion, waren friedfertig, äußerst gastfreundlich, hilfsbereit und hatten lediglich im Sinn, ihrer Arbeit nachzugehen, um ihren Kindern ein liebevolles Zuhause zu bieten.

Ein kleiner Junge, der kurz vor der Bande ausrutschte, stand schnell wieder auf und erwiderte Maries Lächeln. Auch ich bin Gast hier, dachte sie. Was ich in Andalusien erfahren habe, seit ich aus dem Flugzeug gestiegen bin, ist nichts als Freundlichkeit. Im Bus, im Restaurant, Zug, Taxi und im Hotel. Und hier schenkt mir ein kleiner Junge, der sich zuvor gerade auf die Nase gelegt hat, ein Lächeln. Marie war glücklich.

Ihr knurrender Magen war der Grund, weshalb sie sich von der Weihnachtsmusik löste und das Restaurant aufsuchte. Es befand sich nicht weit von dem Platz der Eislaufbahn entfernt. Lächelnd betrat sie es. Vor ihr befand sich die Bar mit hohen komfortablen Stühlen. Sie überlegte kurz, ob sie sich an einen kleinen Tisch setzen sollte, entschied sich jedoch für einen Eckplatz an der Bar, mit Blick in die Küche. Was ihr, von wo auch immer, entgegenkam, war ein Lächeln. Aus der Küche winkte ihr die Köchin zu, als begrüßte sie eine langjährige Freundin. Marie nahm die Fröhlichkeit wohlwollend auf und winkte zurück.

Eine Kellnerin reichte ihr die Speisekarte, auf der nicht viele Gerichte aufgeführt waren, und fragte, was sie trinken möchte. Sie bestellte ein Glas Rotwein, nahm ihre Lesebrille und las, welche Speisen in diesem Restaurant angeboten wurden. Schnell entdeckte sie das Gericht, nach dem sie Ausschau hielt und für das das Restaurant empfohlen wurde. Es war ein Salat mit Fisch und einem erlesenen Dressing. Das Rezept der Gewürzmischung würde allerdings auch nach freundlichem Bitten nicht verraten, las sie. Sie bestellte das Gericht und konnte von ihrem Platz aus zusehen, wie es von der sympathischen Köchin zubereitet wurde. In der Küche wurde ebenfalls viel gelacht. Sie wollte ihrem Chef nach ihrer Rückkehr vom fröhlichen Küchenpersonal berichten. Sinnlos, dachte sie. Ihr

Chef mochte seine Mitarbeiter, hatte allerdings etwas dagegen, wenn sie miteinander lachten und sich unterhielten. Dann würden sie schließlich nicht arbeiten, war seine verfestigte Meinung, die jeder hören konnte, wenn er wollte.

Marie sah, wie die Fischstücke auf dem hergerichteten Salat verteilt wurden und die Köchin die heiße Soße aus einem kleinen Topf darüber goss. Kurz darauf stand der Teller vor ihr. Mit dem zuvor servierten frischen Brot schmeckte ihr Gericht einfach himmlisch. Gestenreich gab sie der Köchin zu verstehen, dass sie ihr Essen vorzüglich fand. Jene freute sich über einen zufriedenen Gast und bereitete weitere Gerichte zu.

Während Marie ins Essen vertieft war, setzte sich, da nur noch wenige Plätze frei waren, ein Mann in ihrem Alter neben sie an die Bar. Bald stellte sich heraus, dass der Spanier nicht nur fließend Deutsch sprach, sondern zudem einer der beiden Inhaber war. In Carlos hatte sie unerwartet einen Gesprächspartner gefunden. Marie musste lachen, als er ihr erzählte, dass er einige Jahre in Köln in einem Restaurant gearbeitet hatte. Und dass er Köln und die Menschen mochte, weil sie etwas von seiner Mentalität hätten. Er kannte zudem noch einige Kölner Witze, die Marie zwar blöde fand, die sie jedoch zum Lachen brachten. Karneval liebte Carlos ebenfalls und konnte fast alle Karnevalsgrößen aus seiner Zeit aufzählen.

Es wurde ein fröhlicher Abend, der damit endete, dass Carlos sie zu einem Glas Wein in einer nahe gelegenen Bar einlud. Marie, die mit zwei Männern in ihrem Leben mehr als ausgelastet war, lehnte dankend ab. Carlos war ein Gentleman und wünschte ihr beim Abschied noch wunderschöne Tage in seiner Lieblingsstadt.

Erfreulicher hätte ihr erster Urlaubstag nicht verlaufen können, waren ihre Gedanken, als sie durch die leicht beleuchteten Gassen zu ihrem Hotel schlenderte. Auch an diesem späten Abend war niemand außer dem Nachtportier im Hotel zu sehen. Als sie im Bett lag, fühlte sie die vielen Stunden, die sie auf den Beinen gewesen war. Mit den Worten »danke, Andalusien« schlief sie ein.

Grelles Sonnenlicht weckte sie am folgenden Morgen. Marie hatte lange geschlafen. Sie fühlte sich ausgeruht, ging zum Fenster und stellte fest, dass es frisch war. In den Nächten erreichten die Temperaturen in diesen südlichen Gegenden im Januar nicht mehr als zehn bis zwölf Grad. Dazu blies ab und an ein kühler, kräftiger Wind durch die Gassen. Marie zog sich an und ging zum Frühstücksraum, in dem sich lediglich ein sich lebhaft unterhaltendes Paar an einem der Tische befand.

Als Josés Frau sie kommen sah, bot sie ihr einen Tisch an und fragte, was sie zum Frühstück haben möchte. Marie bestellte einen Kaffee, frisch gepressten Orangensaft sowie Brot mit Marmelade und machte es sich an ihrem Tisch bequem. Sie wollte am heutigen Tag mehr von der Stadt erkunden und frühzeitig am Markt sein, um die kulinarischen Köstlichkeiten Andalusiens auszuprobieren. Marie stellte fest, dass ihre vermeintliche Sprachbarriere nicht wirklich eine war. Josés Frau und sie verstanden sich ohne viele Worte. Das Lächeln war ein wichtiger Bestandteil ihrer Konversation.

Marie lief viel an diesem Tag. Marc war die meiste Zeit in ihrem Kopf präsent. Als sie über den langen Sandstrand in der Sonne spazierte, fühlte sie ein tiefes Mitleid für Marc. Wie musste er wohl die letzten Jahre unter der Trennung gelitten haben. Er hatte einen Fehler begangen, einen folgenschweren. Das hatte zu Leid in ihrem und seinem Leben geführt. Marie traf an diesem Morgen eine Entscheidung. Wenn sie wieder in Deutschland war, wollte sie sich mit Marc treffen und mit ihm reden. Was sie ihm genau sagen wollte, wusste sie zum jetzigen Zeitpunkt jedoch noch nicht.

Während des Gehens erschien es ihr, als befinde sich in ihrem Kopf ein Puzzle, das sie Stück für Stück zusammenzusetzen versuchte. Hin und wieder fehlte ein Teil. Dann musste sie länger suchen. Manchmal war sie sich nicht sicher, ob das Gedanken-

Puzzleteil wirklich passte. Ihr war auch nicht klar, was sie da überhaupt als Puzzle zusammenzusetzen versuchte. Sie hatte keinerlei Vorstellung des gesamten Bildes.

Noch während sie angestrengt darüber nachdachte, erschien das Bild. Zuerst verschwommen, dann wurde es klarer und letztendlich war es deutlich zu erkennen. Ihr lief es kalt über den Rücken. Es war ein Bild von Marc und ihr. Ein Bild aus ihrem Spanienurlaub. Ein Bild, auf dem ihnen beiden das Glück anzusehen war. Wieso erschien dieses Bild vor ihrem inneren Auge? Und weshalb hatte sie wie aus dem Nichts begonnen, in ihren Gedanken ein Puzzlebild zusammenzusetzen? Das musste sie Helen erzählen, obwohl sie eigentlich niemand anrufen wollte. Das waren doch wieder mal keine Zufälle. Da hat das Universum, das Schicksal bestimmt wieder die Hände im Spiel, würde Rainer sagen. Vielleicht war dem ja so.

Diese Gedanken ließen ihr keine Ruhe, sie hatten von ihr Besitz ergriffen. Hin und wieder tauchte ein JA auf, das sich mit einem NEIN vermischte. Mittags nahm sie nur eine Kleinigkeit zu sich. Wein trank sie keinen, weil es für sie nicht zur Gewohnheit werden sollte, bereits mittags Wein zu trinken. Kurz entschlossen rief sie Helen an.

»He, Marie. Das ist ja eine Freude. Du wolltest doch nicht aus deinem Urlaub anrufen.«

»Hallo, Helen. Ja, wollte ich wirklich nicht. Jedoch geschehen hier Dinge, die mich absolut umhauen.«

»Erzähl schon, mach es nicht so spannend.«

»Natürlich denke ich viel über Marc nach. Seit heute bin ich dabei, in meinem Kopf ein Puzzle zusammenzubauen. Weshalb ich damit begonnen habe, ist mir nicht ernsthaft bewusst. Während ich am Strand entlang in der Sonne spazierte, fragte ich mich ständig, wie das Endbild des Puzzles wohl aussehen könnte.«

»Und?«, fragte Helen ungeduldig.

»Irgendwann erschien das Bild.«

»Du und Marc!«, rief Helen ins Handy.

»Woher weißt du denn das schon wieder?«

»Das war nicht schwer zu erraten. Wenn deine Gedanken stets bei Marc sind, beschäftigt sich dein Unterbewusstsein ebenfalls mit deiner Lebensgeschichte.«

»Das klingt plausibel, Helen.«

»Marie, ich habe das sichere Gefühl, dass die Zeit für dich in Spanien äußerst wertvoll ist.«

»Das glaube ich von Tag zu Tag mehr.«

»Und wie ist das Wetter, wie sind die Menschen, die Stadt und wie die Umgebung von Cádiz?«

»Helen, ich hätte nicht gedacht, dass es mir hier so gut gefällt. Meistens scheint die Sonne, das Licht hat, besonders am späten Nachmittag, etwas Magisches, die Menschen sind freundlich und lachen gerne. Die Stadt hat ihren eigenen Charme mit ausgezeichneten Restaurants, architektonischer Vielfalt aus verschiedenen Epochen, Kulturen und einem Markt, auf dem man die einheimischen Produkte kosten kann. Mir gefällt außerdem, dass sich nicht viele Touristen um diese Jahreszeit hier aufhalten. Heute am Dreikönigstag haben die Kinder ihre Geschenke bekommen. Nicht wie bei uns an Weihnachten. Deshalb habe ich das Vergnügen, in auffallend viele glückliche Kinderaugen sehen zu dürfen. Ich liebe lachende und fröhliche Kinder.«

»Marie, das freut mich sehr für dich.«

»Ach so, noch etwas. In meinem Lieblings-restaurant habe ich einen der Besitzer kennengelernt. Er wollte gleich am ersten Abend mit mir ausgehen.«

Helen lachte.

»Marie, nun, da es dir wieder gut geht, scheinst du Freude auszustrahlen und sie ebenso anzuziehen. Das ist ein universelles Gesetz.«

»Scheint so, meine Liebe. Es geht mir wirklich ausgezeichnet und dafür bin ich nur dankbar.«

»Mich machst du ebenfalls glücklich, wenn es dir gut geht. Mache weiter so.«

»Nichts lieber als das. Ich war lange genug ein Trauerkloß.«

»Ich muss jetzt die Kinder abholen, Marie. Schönen Urlaub noch und melde dich, wenn du zurück bist.«

»Danke, Helen. Liebe Grüße an Hans und die Kinder. Tschüss.«

Am späten Nachmittag machte sie sich auf den Weg zu ihrem Hotel, holte ihre warme Jacke und ging in die Innenstadt. Sie liebte es, in die strahlenden Augen der Kinder zu sehen, die auf den Plätzen und in den Gassen spielten. Überhaupt gefiel Marie das Familienleben in Spanien. Während die Eltern in den Restaurants oder bei einem Kaffee saßen, spielten die Kinder unbeschwert. Das war möglich, weil keine oder wenige Autos auf den Plätzen fuhren. Selten schrien oder weinten die Kleinen. Übermäßig laut war es ebenfalls nicht. Das lag wahrscheinlich daran, dass zumindest die Mutter immer bei den Kindern war. Jemand kümmerte sich um die Sprösslinge. Ihr war auch aufgefallen, dass die Kinder öfters von Verwandten und Freunden gedrückt und geküsst wurden. Der Körperkontakt war wertvoll.

So kannte sie das aus Deutschland nicht. Vielleicht lachten die Menschen in Andalusien aus diesem Grunde mehr. Wahrscheinlich empfanden sie deshalb mehr Lebensfreude. Sie hatten in ihrer Kindheit die Liebe erhalten, die sie brauchten, um glücklich leben zu können. Diese Liebe gaben sie durch ihr Lachen und ihre Freundlichkeit weiter an ihre Mitmenschen. Genau das ist auch ein Bestandteil von Eigenliebe. Sie haben als Kinder erfahren dürfen, dass sie geliebt werden, und sehen sich als liebevolle Menschen. Klasse, dachte Marie. Die Einheimischen, ihr Leben, ihr Umgang miteinander und ihre Arbeitsweise sind Beispiele wie wir liebevoll zusammen leben können.

Was fehlt uns, fragte sie sich. Was ist es nur, das uns fehlt? Ihre Mutter kam ihr in den Sinn. Sie war eine herzensgute Frau. Nur oft nervig. Sie liebt sich selbst nicht, glaubte Marie. Aber wieso schaffte es Helen, sich selbst lieb zu haben? Ihr war ihr Glücklichsein anzusehen. Sie hatte meistens ein Lächeln im Gesicht. Und sie war, ebenso wie sie selbst, ein Kind ihrer Mutter. Marie dachte angestrengt nach. Ihr Vater. Wie war eigentlich ihr Vater? Ihr Vater war ein zufriedener Mensch. Er war immer seiner Arbeit nachgegangen, redete nie viel, trank sein Bier, nicht zu viel, schaute abends fern und vermied es tunlichst, mit der Mutter zu streiten. Sie wollte ohnehin immer recht haben.

Marie dachte an ihre Kindheit. Helen und sie waren wie ein verschworenes Team. Sie hatten immer zusammengehalten. Ihr Bruder Mike lebte sein eigenes Leben. Er war bei seinen Freunden, meistens in den Wäldern und auf den Feldern. Marie und Helen waren oft zu Hause und spielten mit ihren Puppen und dem Puppenhaus. Sie spielten Mutter und Vater. Sie spielten liebende und glückliche Familie.

Gerne wäre sie wieder in ihr Lieblingsrestaurant Ultramar & Nos gegangen. Auf dem Weg dorthin kam ihr Carlos in den Sinn. Ihm wollte sie an diesem Abend nicht begegnen. Sie entschied sich für ein anderes Restaurant, das sich in einer Parallelstraße zu der ihres Hotels befand. Das Essen war gut, die Angestellten ebenfalls freundlich. Doch es herrschte dort eine andere Atmosphäre. In ihrem Lieblingsrestaurant war die Herzlichkeit der Mitarbeiter zu fühlen. Das vorzügliche Essen schien dies widerzuspiegeln. Marie ging nach dem Essen die wenigen Meter zu ihrem Hotel und beschloss, am Folgetag wieder dorthin zu gehen, wo es ihr wahrhaftig gefiel. Wenn Carlos ebenfalls dort sein sollte, konnte sie sich mit ihm unterhalten. Er war ein netter Kerl. Sie machte sich einige Notizen, als sie im Bett lag, und staunte, was ihr alles an diesem Tag durch den Kopf gegangen war.

Während des Frühstücks am nächsten Morgen schrieb sie weiter in ihrem Tagebuch. Unglaublich, was so alles in das Gehirn und ins Herz eines Menschen fließen kann. Josés Frau brachte ihr auf ihren

Wunsch hin einen zweiten Kaffee. In Spanien schien es ausschließlich ausgezeichneten Kaffee zu geben, war sich Marie sicher. Sie liebte ihn.

Nach dem Frühstück wollte sie das nahe gelegene Museum für Archäologie, Kunst und Ethnologie besichtigen, zumal es ein wenig regnete. Das machte ihr zwar nichts aus, weil sie schon mit ausreichend Sonne verwöhnt worden war, doch Regentage sind wie geschaffen, um Museen zu besichtigen. Sie war beeindruckt von der Geschichte der Stadt Cádiz und Andalusiens. Nach einer Stunde hatte sie genug und beschloss, zum Markt zu gehen. Mittlerweile hatte sie den direkten Weg ausfindig gemacht, sodass sie den Markt innerhalb von fünfzehn Minuten erreichte. Am ersten Tag hatte es eine gefühlte Ewigkeit gedauert.

Sie schlenderte vergnügt über den Markt, sah sich die vielen verschiedenen Fische an, das frische Gemüse, die Kartoffeln, Käse, Wurst, Brot, Süßigkeiten und staunte über den Reichtum an Lebensmitteln, der in vielen Ländern vorhanden ist. Sie wünschte sich, dass alle Menschen auf der Erde Zugang zu ausreichend Nahrung und klarem Wasser hätten. Letztendlich haben es alle Kinder verdient, mit genügend Nahrung, Kleidung, reinem Trinkwasser, medizinischer Versorgung und einem Zuhause in Frieden aufzuwachsen. Da müssen wir hin, dachte sie.

Wenn sie etwas dazu beitragen konnte, dann tat sie es gern. Seit Jahren hatte sie ein Patenkind in Peru. Es war für europäische Verhältnisse kein großer Betrag, den sie jeden Monat über World Vision zu der Familie schickte. In dem kleinen Bergdorf machte es allerdings einen großen Unterschied. Es förderte die Schulbildung des Kindes und trug dazu bei, dass die Familie in der Lage war, für das Kind Kleidung, Schuhe, Seife und Nahrung zu kaufen. Die übrigen Familienmitglieder profitierten ebenfalls davon. Marie standen jedes Mal die Tränen in den Augen, wenn sie Bilder von den Weihnachtsgeschenken sah, die die Familie für ihre Tochter gekauft hatte. Ein Kleidchen, neue Schuhe, Seife, Malstifte und andere kleine Dinge, die bei uns selbstverständlich sind und über die sich die wenigsten noch freuen können.

Marie spendete ebenso für Bedürftige in Deutschland. Jemand hatte ihr gesagt, dass es auch in Deutschland arme Kinder gebe. Darauf hatte sie geantwortet, dass jedem Kind Hilfe zustehe. Weil alle Kinder gleich wertvoll seien. Wir in Europa haben nicht mehr oder weniger Anspruch auf Nahrung und Reichtum als Menschen in anderen Ländern. Menschen sind Menschen und das verbindet uns. Außerdem macht Teilen glücklich, das hatte nicht nur sie erfahren dürfen. Helen und Hans teilten ebenfalls gern und sie gaben die Erfahrung an ihre Kinder weiter.

Auf dem Markt reichte ihr eine Kleinigkeit zu Mittag. Sie ging zurück zu ihrem Hotel und legte sich ins Bett. Der Ansturm der Gedanken, die vielen Erlebnisse und das Gehen hatten sie ermüdet. Nachdem sie eine Stunde geschlafen und danach geschrieben hatte, fühlte sie neue Energien in sich. Mittlerweile schien wieder die Sonne. Sie stand auf, ging ins Bad und zog anschließend leichte Sachen für einen Spaziergang an. Am späten Nachmittag zog es sie zum Strand, um den malerischen Sonnenuntergang zu sehen. Sie stand in einiger Entfernung zu den anderen, weil ihr bei der idyllischen Stimmung nicht nach Reden war. Ihr Spanisch hätte überdies nicht für eine Unterhaltung ausgereicht. Und es handelte sich bei den Menschen am Strand überwiegend um Spanier, wie sie annahm.

Weil sie ihre warme Jacke mithatte, begab sie sich nach einem längeren Spaziergang direkt zum Ultramar & Nos. Gedanken an Carlos wollte sie keinerlei Bedeutung beimessen. Als sie das Restaurant betrat, war sie der erste Gast. Obwohl sie zwei Tage zuvor zum ersten Mal das Restaurant besucht hatte, wurde sie wie eine langjährige Freundin empfangen. Eine der Kellnerinnen hatte sogar ihren Namen behalten. Sie bestellte das Gleiche wie zuvor und ein Glas Rotwein.

Marie schmunzelte über die Ausgelassenheit der Mitarbeiter. Sie mochten ihre Arbeit und schienen nicht nur Kollegen, sondern auch Freunde zu sein. Während sie auf ihr Essen wartete, hin und wieder ein Stück von dem frischen Brot aß und an ihrem Wein nippte, sah sie mit Schrecken, wie der Kellnerin einige leere Teller aus der Hand glitten. Jetzt gibt‘s Ärger, war Maries erster Gedanke. Sie hatte sich getäuscht. Was folgte, war ein allgemeines Lachen. Sie musste mit lachen, obwohl es ihr in Deutschland als Schadenfreude ausgelegt worden wäre. Die Kellnerin holte einen Besen und eine Schaufel und entsorgte die Teller im Mülleimer.

Marie war die Schönheit der Menschen nicht entgangen. Es waren natürliche Schönheiten. Sie hatten fröhliche, leicht gebräunte Gesichter, braune Augen, dunkelbraune Haare, auffallend weiße gradlinige Zähne und ein freundliches Wesen.

Ihr Essen wurde mit einem Lächeln serviert. Die Köchin winkte ihr zu. Marie erwiderte die Freundlichkeit. Es schmeckte vorzüglich. Morgen Abend würde sie wieder kommen. Das Restaurant hatte sich mittlerweile gefüllt. Es schien beliebt zu sein. Obwohl sie sich gern unterhalten hätte, war sie irgendwie froh, dass Carlos nicht da war. Sie fragte nach der Rechnung. »La cuenta, por favor.« Als sie ihr Portemonnaie öffnete und einen Geldschein entnahm, sprach sie jemand von hinten an. Marie erschrak.

»Hallo, Marie. Das ist ja eine Überraschung.«

Marie drehte sich um. »Hallo, Carlos.«

»Möchtest du noch ein Glas Wein mit mir trinken?«, fragte Carlos.

»Nein, danke, ich habe schon bezahlt und wollte gerade gehen.«

»Schade, wenn du möchtest, können wir noch auf ein Glas Wein in eine nahe gelegene Bar gehen.«

Marie überlegte kurz. »Warum nicht, gut, ein Glas geht noch.«

Marie sagte den Kellnerinnen und der Köchin, die sich winkend und zwinkernd von ihr verabschiedeten, *adios* und verließ mit Carlos das Restaurant. Nach fünf Minuten erreichten sie die Bar, die auf Marie einen intimen Eindruck machte und ihr ein Kribbeln im Bauch verursachte. Carlos wählte für sie einen kleinen Ecktisch in einer Nische aus.

»Lass mich bestellen, Marie. Ich kenne mich aus mit hiesigen Weinen.«

»Gerne.«

Carlos erzählte Marie von seinem Leben in Köln und fragte sie nach dem ihrigen. Obwohl Marie anfangs einige Bedenken hatte, öffnete sie sich ihm und berichtete, was sich bei ihr in den letzten Jahren zugetragen hatte. Carlos war der Meinung, dass ein einmaliges Fremdgehen nicht so verhängnisvoll sei. Deshalb müsse man nicht gleich eine sonst glückliche Beziehung aufgeben und sich dabei auch noch selbst unglücklich machen. Zumal ihr Mann nicht mal gewusst habe, was er tat. Auf eine gewisse Weise hat er recht, dachte Marie. Doch könne niemand von der Hand weisen, dass Fremdgehen dem Partner Schmerzen zufügt und sein Vertrauen schwinden lässt. Dem stimmte Carlos uneingeschränkt zu. Und fügte an, dass es so etwas wie Verzeihung gebe. Der Mann hat Ahnung, dachte Marie, und er ist nicht dumm. Sie mochte Carlos. Obwohl er mehr als charmant war, stand für sie fest, nicht auf seine Annäherungsversuche einzugehen. Wenn sie gewollt hätte, da war sie sich sicher, hätte sie die folgende Nacht mit ihm in einem riesigen Bett in einer märchenhaften Wohnung verbringen können.

Marie beschloss, an ihrem letzten Abend nicht in Carlos‘ Restaurant zu gehen, obwohl sie sich noch nicht von den Mitarbeitern verabschiedet hatte. Sie wollte ihnen einen Brief schreiben und sich bei allen dafür bedanken, was sie ihr gegeben hatten. Gegeben hatten aus freien Stücken. Ihr Lachen, ihre aufrichtige Freundlichkeit wurden ihr ohne irgendwelche Erwartungshaltung entgegengebracht. Es war ein ehrliches, offenes Lachen und eine offenherzige Freundlichkeit. Das war auch ein Grund dafür, dass die Menschen Glück empfanden. Sie gaben einander aus freien Stücken. Und sie erhielten es zurück von denjenigen, die sie mit einem Lächeln beschenkten.

Ihren letzten sonnigen Urlaubstag verbrachte Marie mit langen Spaziergängen am Strand. In einem Restaurant aß sie mittags Risotto mit Salat, abends begnügte sie sich mit einigen Tapas in einer nahe gelegenen Bar. Sie wollte nicht in ihr Lieblingsrestaurant, obwohl es sie dort hinzog. Es war besser so. An jenem Abend dauerte es lange, bis sie Schlaf fand. Zuvor hatte sie in ihr Tagebuch geschrieben.

Der Wind blies aus östlicher Richtung durch die Straße, als Marie am frühen Morgen vor dem Hotel in ein Taxi stieg. José und seine Frau hatten sie herzlich verabschiedet. Marie stieg dreißig Minuten später in den Zug und sah Cádiz an sich vorbeiziehen. »Danke«, sagte sie leise. Ihre Augen wurden feucht. Sie hätte niemals für möglich gehalten, dass zehn Urlaubstage in Andalusien ihr so viel hätten geben können.

Sie dachte an ihre Anreise, die lediglich wenige Tage zurücklag. Marie hatte das Gefühl, dass sich Welten in ihr verändert hatten. Sie glaubte, ein anderer Mensch geworden zu sein. Die Marie, die sie zuvor war, existierte nicht mehr. Alles erschien ihr in diesem Moment seltsam. Was geschehen war, entbehrte jeglicher Realität. Sie bekam die Gewissheit, dass sich alles so, wie es geschehen war, ereignen musste, ereignen sollte. Wie konnte das sein? Dass sich alles genau so ereignete. Wenn sie sich nicht für die Urlaubsreise entschieden hätte, hätte sie Cádiz nicht lieben gelernt, Carlos nicht getroffen, und das Restaurant mit den herzlichen Menschen nicht kennengelernt. Ebenso wenig wie das charmante Hotel mit José und seiner sympathischen Frau. Das Licht der Costa de la Luz hätte sie nicht gesehen. Und nichts von den kulinarischen Köstlichkeiten gewusst.

Vor allen Dingen hätte sie nicht die wertvollen Erkenntnisse gewonnen. Diese hatte sie auch wegen der Distanz erhalten.

Zeitlicher und räumlicher Abstand waren wichtige Faktoren. Anderes sehen, andere Gespräche führen und neue Ansichten kennenlernen. Freundlichkeit annehmen, für ein Lächeln, ein Winken von Menschen dankbar sein. Das waren Schätze des Lebens, die demjenigen verborgen blieben, der sich ihnen nicht öffnete. Der sich nicht auf den Weg machte.

Selbstliebe – fiel Marie wieder ein. Selbstliebe beinhaltet auch, sich selbst zu vergeben. Sie bedeutet darüber hinaus, anderen zu vergeben. Sie aus sich herauszulassen, zu entlassen. Weg damit, dachte sie, raus mit den Schmerzen, dem Hass, dem Groll, der Aggressivität. Raus damit, hätte sie fast ins Abteil geschrien. Raus! Raus! Raus!

Marie wurde vollends klar, was ihre Wandlung bis zu den erlebten, unerwartet freudigen Tagen herbeigeführt hatte. Der Beginn lag in der nächtlichen Heimfahrt nach Türnich. Es waren der Wille und die Ausführung, Marc zu vergeben. »Marc, ich vergebe dir.« Diese vier Worte hatten ihr Leben verändert. Lediglich vierer Worte hatte es bedurft, um eine Lebenswandlung hin zum Glück herbeizuführen. Nein, dachte sie. Nicht nur die vier Worte waren es. Es war die Entscheidung, der Wille, sie auszusprechen. Die Bereitschaft.

In diesem Zusammenhang fiel ihr Helen ein. Sie hatte ihr geholfen. Helen hatte sie dorthin geführt. Schon vor Jahren. Doch sie selbst war zu diesem Zeitpunkt noch nicht so weit. Nicht bereit gewesen, zu vergeben. Nicht bereit gewesen, den Schritt zu tun. Den Schritt der vier Worte, die sie in ein neues glückliches Leben führen würden. Auch ihre Bücher hatten ihr Antworten gegeben. Hatten ihr Lösungen aufgezeigt. Es war ein Prozess gewesen. Ein Prozess über Monate, über Jahre. Marie war voller Dankbarkeit, dass sie hingehört und den Mut gehabt hatte, die Entscheidung zu treffen und zu vergeben. Ja, dachte sie, es gehört Mut dazu. Mut wird immer belohnt.

Aber ist es nicht auch Egoismus, wenn der Mensch nicht vergeben will, fragte sie sich. Wenn der Schmerz tief in einem steckt. Wenn er Besitz von einem ergriffen hat. Wenn er wie ein Stein auf dem Herzen liegt, dann ist es schwer, zu vergeben. Marie hatte vollstes Verständnis für die Menschen, die nicht vergeben können oder wollen. Es war schwer. Doch es lohnte sich. Es lohnte sich für diejenigen, die sich als Opfer sahen. Wenn Opfer die Entscheidung trafen, zu vergeben, waren sie im selben Moment keine Opfer mehr. Sie gaben in jenem Augenblick die Opferrolle ab und bewirkten, dass sie Schöpfer wurden. Ein Schöpfer gestaltete sein Leben, sein Glück und seine Liebe.

Marie wurde noch etwas klar. Der Mensch konnte jederzeit entscheiden, ob er die Opfer- oder die Schöpferrolle übernahm. Das betraf auch den Alltag. Menschen, die immer kritisierten und bejammerten, was alles schlecht und fehlerhaft war, zogen oft genau das an. Marie hatte im Laufe ihres Lebens festgestellt, dass diejenigen, die sich übers Essen beklagten, schlechtes Essen erhielten. So konnten sie sich weiterhin beklagen. Diejenigen jedoch, die sich aufs Essen freuten, erhielten ein gutes Essen, damit sie sich weiterhin darüber freuen konnten. Menschen, die schlecht gelaunt ein Geschäft betraten, erhielten oft das, was sie aussendeten. Das Prinzip war einleuchtend.

Eine junge Frau, die neben ihr im Zug saß, schien Maries Gedanken mit einem Lächeln bestätigen zu wollen. Als der Zug an Jerez vorbeifuhr, bedankte sich Marie im Stillen für den ausgezeichneten Sherry, der dort während vieler Jahre in Fässern reifte, bis er den Menschen Genuss bereitete.

Am Hauptbahnhof, den sie bald erreichte, stieg sie in den Bus zum Flughafen. Die Busse fuhren regelmäßig. Als sie nach kurzer Fahrt das Flughafengebäude betrat, wunderte sie sich über die wenigen Menschen, die sich dort aufhielten. Nie zuvor hatte sie einen ruhigeren Flughafen gesehen. Sie ging zur Sicherheitskontrolle, wo sich nur drei Menschen vor ihr befanden, ließ auch dies in Ruhe über sich ergehen und gönnte sich an einer Bar noch ein Glas Rotwein zum Abschied.

Als sie im Flugzeug sitzend Andalusien unter sich sah, wurde ihr schwer ums Herz. Sie würde wiederkommen, war sie sich sicher. Sie würde bestimmt bald wiederkommen. Wenn sie gewusst hätte, wie bald, hätte sie es wahrscheinlich nicht für möglich gehalten.

Köln empfing sie mit Sturm und Regen. Kurz bevor sie am Flughafenbahnhof in die Bahn stieg, blies ihr ein eisiger Wind ins Gesicht. Sie musste an die Sonne Andalusiens denken. Ich wäre besser geblieben, waren ihre Gedanken. Sie fuhr bis Horrem, stieg aus und lief zu ihrem Wagen. Als sie ihn aufschloss, kam es ihr vor, als wenn sie Jahre weg gewesen wäre. Marie fühlte sich wie ein anderer Mensch in einem neuen Leben. Das neue Leben fühlte sich trotz der Kälte gut an. Auf der Heimfahrt reifte ein fester Entschluss in ihr. »Ich will ein glückliches und zufriedenes Leben führen. Und dafür alles tun, was sich in meiner Macht befindet.« Sie hatte die Worte laut gesprochen. Und hatte das sichere Gefühl, dies alles auch umsetzen zu können.

Als sie ihre Wohnung betrat, stellte sie ihren Koffer in den Flur, ging ins Bad, putzte ihre Zähne, zog ihren warmen Pyjama an, legte sich ins Bett, las einige Minuten in ihrem Buch und schlief bald ein.

Am nächsten Morgen drehte sie alle Heizkörper in ihrer Wohnung auf die höchste Stufe. Es war ungemütlich kalt. Dann setzte sie Kaffeewasser auf und nahm ihr Körnerbrötchen, das sie sich vorsorglich auf dem Flughafen gekauft hatte, aus der braunen Tüte. Weil die Heizkörper einige Zeit benötigten, um in der Wohnung eine behagliche Wärme zu verbreiten, streifte sie sich einen dicken Wollpullover über.

Marie fühlte einen angenehmen Frieden in sich. Eine Ruhe, die sie vor ihrer Reise vermisst hatte. Sie geriet etwas ins Wanken, als sie an Marc und das bevorstehende Gespräch mit ihm dachte. Marie hatte sich während des Fluges fest vorgenommen, die

Aussprache mit Marc nicht hinauszuzögern. Deshalb rief sie ihn nach dem Frühstück kurz entschlossen an.

»Hallo, Marie, das ist ja eine freudige Überraschung am frühen Morgen.«

Marie glaubte, eine Beklemmung in Marcs Stimme zu hören.

»Hallo, Marc. Ich bin gestern aus meinem Urlaub zurückgekommen und habe mir gedacht, dass wir uns, wenn du heute nichts Wichtiges vorhast, in unserem Stammcafé in Frechen auf einen Kaffee treffen können.«

»Ich habe heute nichts Wichtiges vor. Außer ein paar Kleinigkeiten einzukaufen. Ins Fitnessstudio wollte ich, doch da kann ich später noch hingehen. Wann wäre es dir recht?«

»Gegen zwölf?«

»Gut, um zwölf bin ich da. Ich freue mich.«

»Ich auch, Marc. Bis dann.«

»Bis später, tschüss.«

Marie klang selbstbewusst, dachte Marc, als er ins Bad ging, um sich zu rasieren. Nach der Rasur trug er sein Lieblingsrasierwasser auf, das Marie gern an ihm hatte. Sie fehlte ihm. Sie hatte ihm all die Jahre gefehlt. Die Beziehung mit Conni war er eingegangen, um endlich einen Neubeginn nach der Trennung von Marie zu wagen. Er wollte nicht für den Rest seines Lebens allein leben.

Im Nachhinein war ihm klar geworden, dass das mit Conni viel zu schnell gegangen war. Auf einer Party hatten sie sich kennengelernt. Conni hatte sich sofort in Marc verknallt, wie sie es jedem ihrer Freunde erzählte. Es sei Liebe auf den ersten Blick gewesen. Ein paar Tage später lagen sie in Marcs Bett, das sie ebenfalls liebte, weil es die richtige Größe hatte. Im Bett brauche man Platz, war ihre Devise.

Bis Conni sich dann endgültig im großen Bett, sprich in Marcs Haus, breitmachte, dauerte es nicht lange, weil sie zu dieser Zeit, nach der Trennung von ihrem Mann, bei ihren Eltern in ihrem ehemaligen Kinderzimmer wohnte. Deshalb bot sich der Wechsel in Marcs Haus geradezu an. Schon nach wenigen Wochen wurde Marc klar, dass er einen Fehler begangen hatte. Seine Freunde hatten ihn gewarnt. Er hatte nicht hinhören wollen. Auch hatte er ernsthaft versucht, Conni zu lieben. Irgendwann jedoch feststellen müssen, dass er die Liebe zu einer Frau nicht erzwingen kann. Selten hatten sie offen ausgesprochen, dass sie sich lieben oder lieb haben. Er wollte Conni auch nicht vor die Tür setzen. Sie hatten ja schöne gemeinsame Stunden, gingen gern tanzen und mit Freunden aus. Doch das Wichtigste hatte gefehlt – wahre Liebe.

Marc zog ein frisches Hemd an und sogleich wieder aus. Er nahm sich eines, das Marie noch kannte. Dieses hatte sie immer an ihm gemocht. Er nahm seine blaue Hose, zog einen warmen Pullover an und steckte die Papiere und den Autoschlüssel in die Hosentasche. Nein, dachte er, ich gehe zu Fuß. Mit dem Auto wären es fünf Minuten. Doch die Stadt und die Parkplätze waren samstags überfüllt. Nachdem er seine warme Jacke angezogen und den Schal zweimal um seinen Hals gewickelt hatte, verließ er das Haus.

Marc schaute auf die Uhr. Es war elf. Noch eine Stunde bis zu ihrem Treffen. Er spürte Unruhe in sich. Was sie ihm wohl sagen wollte? Was könnte es sein? Vor ihrem Urlaub hatte sie ihm am Telefon mitgeteilt, dass sie ihm vergeben habe. Seitdem ging es ihm besser. Seit Maries aufrichtigen Worten fühlte er eine gewisse Leichtigkeit in sich. Zugleich ein Fünkchen Hoffnung. Es war nicht groß. Doch es war da. In seinem Herzen war es. Aber Hoffnung worauf? Hoffnung auf eine neue Partnerschaft mit Marie? Auf eine neue gemeinsame Zukunft? Wäre Marie überhaupt bereit für einen erneuten Versuch, mit ihm zusammenzuleben? Würde seine vor Jahren begangene Dummheit nicht ein Leben lang zwischen ihnen stehen?

Marc ging schnellen Schrittes. Es war kalt. Weil er noch Zeit bis zum vereinbarten Treffen um zwölf hatte, entschloss er sich, über die Hasenweide am Haus von Maries Oma vorbeizugehen. Auch er hatte ihre Oma Gertrud, wie alle anderen in der Familie, geliebt. Ihr Mann Heinrich war früh gestorben. Fast dreißig Jahre hatte sie bis zu ihrem Tod allein gelebt. Angebote hätte sie genügend bekommen. Sie war selbst im fortgeschrittenen Alter noch eine schöne Frau. Schönheit war zeitlos, kam aus dem Herzen und konnte nicht vergehen.

Erinnerungen stiegen in Marc hoch, als er an dem Dreifamilienhaus vorbeiging. Der Geruch von Omas Kernseife war ihm plötzlich gegenwärtig. Ihre Küche, wenn nicht gerade etwas Gutes gekocht wurde, roch auffallend oft nach Kernseife. Alle mochten den Geruch. Bei Oma Gertrud trafen sich jeden Freitag viele aus der Familie. Tranken Kaffee, aßen Leberwurst-, Fleischwurst- und Käsebrötchen. Das war seit Jahren Tradition. Die gute Wurst stammte aus der besten Metzgerei, der Metzgerei Damm, die sich nahe beim Haus befand. Das freitägliche Familientreffen hatte sich leider nach Omas Heimgang aufgelöst. Maries Mutter hatte mehrere Versuche unternommen, es ihr gleichzutun. Es war bei den Versuchen geblieben. Oma war eben nicht zu toppen. Sie war ein Engel gewesen und war es immer noch. Marc schaute zum Haus auf und fühlte Wehmut. Beim Blick auf seine Uhr stellte er fest, dass es Zeit war, zum Café zu gehen. Er wollte pünktlich sein.

Zehn Minuten vor zwölf betrat er das Café, das von liebenswerten Menschen geführt wurde. Das Eiscafé war auch im Winter gut besucht. Die Menschen genossen den guten Kaffee und manch einer gönnte sich die heißen Waffeln mit Sahne. So konnte selbst ein Eiscafé im Winter lohnend betrieben werden.

Sie kannten Marc und Marie, die früher Stammgäste waren. Marc wurde mit einem Lächeln begrüßt. Er setzte sich in die äußerste Ecke. Es war der Tisch, den Marie bevorzugte. Sie mochte Ecktische, von denen aus sie alles überblicken konnte. Eine junge Kellnerin kam auf ihn zu und fragte, was er haben möchte. Marc bestellte einen Kaffee und schaute auf seine Uhr. Fünf Minuten noch.

Er fühlte seinen Pulsschlag und war aufgeregt wie bei ihrer ersten gemeinsamen Verabredung.

Dann endlich kam Marie. Als sie auf den Tisch zukam, setzte Marcs Herzschlag einen Moment aus. Sie ist wunderschön, dachte er, stand auf und ging auf sie zu.

»Hallo, Marie. Du siehst bezaubernd aus.«

»Hallo, Marc. Danke.«

Sie drückten sich herzlich und setzten sich.

»Du hast unseren Tisch gewählt«, sagte Marie.

»Ja, er war frei. Und ich weiß, dass du ihn magst.«

Marie bestellte einen Cappuccino.

»Marie«, begann Marc etwas verlegen. »Ehm – danke für das Telefongespräch vor deinem Urlaub.«

»Ist schon gut, Marc. Ich hätte es früher tun sollen. Ich meine, dir zu vergeben.«

Marc konnte das Wort nicht aussprechen. Es hatte eine gewisse Schwere. Eine Tragweite. Es fühlte sich speziell an. Irgendwie fand er keine rechte Erklärung dafür.

»Das war großzügig von dir.«

»Marc, ich habe mir im Urlaub vielerlei Gedanken gemacht. Mir ist klar geworden, dass wir, wenn ich dir gleich vergeben hätte, heute noch glücklich miteinander leben könnten.«

Marc schaute ihr tief in die Augen. Er hätte sie am liebsten in die Arme genommen und geküsst. Stattdessen kamen ihm die Tränen. Marie legte ihre Hand auf seinen Arm.

»Schon gut«, sagte er und schaute zur Seite.

»Marc, ich möchte dir noch etwas sagen. Du weißt, dass ich nach unserer Trennung an einem Tag zu viel Alkohol getrunken habe.«

»Ja, das weiß ich. Helen hat es mir gesagt. Während unserer Trennung stand ich in ständiger Verbindung mit Helen. Wir haben uns auch hin und wieder getroffen. Wir sind gute Freunde geblieben.«

»Was du wahrscheinlich nicht weißt – «

Eine Pause entstand.

»Was du nicht weißt, ist, dass ich nach dem vielen Alkohol auch noch Tabletten genommen habe.«

Marc erschrak. Die Worte versetzten ihm einen Stich ins Herz. Meine Schuld, dachte er.

Marie fuhr fort. »Seit ich mich intensiv mit den damaligen Ereignissen beschäftigt habe, über meine Probleme gelesen und mich mit Helen und anderen ausgetauscht habe, ist mir vieles klar geworden. Und das betrifft auch dich. Ein Mensch, der übermäßig Alkohol zu sich nimmt, ist nicht mehr imstande, rational zu handeln und zu denken. Er gebärdet sich auf eine Weise, die er im nüchternen Zustand niemals an den Tag gelegt hätte. Das soll keine Entschuldigung für Menschen sein, die sich ständig betrinken und ihre Mitmenschen verletzen. Bei dir war es etwas Einmaliges, das du niemals wiederholen würdest. Davon bin ich überzeugt.«

Marc schluckte, nippte an seinem Kaffee, der nicht mehr heiß war, und nickte.

»Nun«, sagte Marie. »Du weißt, was ich damit meine?«

»Ja, ich weiß, was du meinst, Marie.«

Er legte seine Hand auf Maries Arm. Die Berührung löste etwas in ihm aus. Aber er traute sich nicht, aufzustehen und sie in die Arme zu nehmen.

»Marie, du kannst dir gar nicht vorstellen, wie leid mir das alles tut. Ich möchte nicht daran denken, was hätte passieren können.«

»Denke einfach nicht daran, Marc. Wer weiß, wofür all das, was geschehen ist, im Nachhinein gut ist.«

Marc schaute sie an. »Gut ist? Ich kann mir nicht vorstellen, was daran gut sein soll.«

»Na ja, Erfahrungen bringen einen Menschen weiter. Nachher ist man immer schlauer. Diesen Spruch kennt jeder.«

»Ja, den kennt jeder. Wenn ich es vorher gewusst hätte, wäre ich niemals mit meinen Freunden in Urlaub geflogen. Im Grunde genommen wollte ich es nicht. Ich hatte auch kein gutes Gefühl dabei, obwohl du absolut keine Bedenken hattest.«

»Marc, es ist nun mal geschehen. Wir können es nicht rückgängig machen. Was wir allerdings machen können, ist, wie Helen mir sagte, die Sichtweise auf das Vergangene beeinflussen und verändern. Wir können weiterhin verbittert über die Geschehnisse sein und darunter leiden. Oder wir können sie in Liebe auflösen.«

Sie schwiegen eine Weile. In Liebe auflösen, klang es in Marc nach. Was für herzliche Worte Marie benutzte. Die Worte lösten in Marc Gefühle aus. Es waren Gefühle von Liebe. Ihm wurde klar, dass er Marie noch immer liebte. Vielleicht mehr als je zuvor. Sie schauten sich eine Zeit lang an, ohne miteinander zu reden. Dann legte Marie wieder ihre Hand auf Marcs Arm. Irgendwann konnten beide nicht mehr anders, als sich in die Arme zu nehmen. Sie weinten hemmungslos.

»Ich muss mir die Nase putzen«, sagte Marie nach einer Weile und ließ Marc los.

»Ich auch«, lachte er und trocknete seine Tränen.

Die Inhaberin und die Kellnerin nahmen aus der Distanz wahr, was zwischen Marie und Marc geschah. Als Marc sich wieder einigermaßen gefasst hatte, signalisierte er der Kellnerin, dass er noch etwas bestellen wolle. Sie kam verhalten auf den Tisch zu. Marc bestellte noch einen Kaffee und Marie einen weiteren Cappuccino.

»Danke«, sagte Marc erneut. »Ich danke dir, Marie. Ich danke dir für all das, was du mir heute gibst. Was auch immer daraus entstehen wird oder soll, so fühle ich heute, dass mir dieser Tag unwahrscheinlich viel für mein Leben gibt.«

»Ich danke dir, Marc. Auch mir gibt er viel. Das fühle ich deutlich.«

Die Kellnerin brachte den Kaffee und den Cappuccino.

»Du, Marc, ich habe Hunger.«

»Ich auch.« Marc schaute auf die Uhr. Fünf vor zwei. »Ich hätte nicht vermutet, dass wir schon so lange hier sind.«

Jetzt erst wurde ihm bewusst, dass er die Menschen, die kamen und gingen, überhaupt nicht wahrgenommen hatte. Alles war wie in Trance, in Zeitlupe abgelaufen. Als wenn es jeglicher Realität entbehrte.

»Was hältst du davon, wenn wir zum El Greco gehen? Da war ich seit unserer Trennung nicht mehr.«

»Das ist eine Superidee, Marie. Da sind wir früher jede Woche hingegangen.«

Das El Greco war ein kleines griechisches Restaurant. Außer den griechischen Spezialitäten, die sie anboten, wussten die Betreiber ausgezeichnete Pizzas im Steinofen zuzubereiten. Auch führten sie einen vorzüglichen Rotwein aus biologischem Anbau. Die Inhaber-Familie hatte Marie und Marc schon bei ihrem ersten Besuch, vor über zwanzig Jahren, mit Handschlag verabschiedet. Dieser erste Besuch hatte dazu geführt, dass sie nicht nur Stammkunden, sondern Freunde wurden. Sie liebten das Essen, die Familie, und auch die Mitarbeiter waren klasse. Ein junger Kellner hatte eine besondere Art zu lachen. Er unterhielt das gesamte Restaurant mit seinem herzerfrischenden Lachen.

Marc zahlte die Rechnung. »Du, Marie, ich freue mich auf das El Greco.«

»Ich auch, und danke für die Einladung.«

»Welche Einladung?«

»Du hast meine Cappuccino bezahlt.«

»Ah! Das war doch selbstverständlich.«

»Nichts ist selbstverständlich.«

Sie zogen ihre warmen Mäntel an und machten sich auf zum El Greco, das sie nach wenigen Minuten erreichten. Als sie eintraten, strahlte ihnen das Gesicht Sakis, des Inhabers, der neben dem Pizzaofen stand, entgegen.

»Das gibt's ja nicht!«, rief er voller Freude, wischte sich die Hände an seiner weißen Schürze ab und kam mit ausgestreckten

Armen auf sie zu. Zuerst gab er Marie die Hand und nahm sie in die Arme, dann begrüße er Marc.

»Wo habt ihr so lange gesteckt?«, fragte Saki.

»Lange Geschichte«, antwortete Marc.

»Wir dachten schon, ihr seid ausgewandert. Aber dann hättet ihr uns vorher Bescheid gesagt, nicht wahr?«

»Das hätten wir bestimmt«, versicherte Marie.

In diesem Augenblick erschien Maria, Sakis Frau. Als sie Marc und Marie sah, strahlte sie übers ganze Gesicht, lief auf sie zu und umarmte beide.

»Wo wart ihr so lange? Wir haben euch vermisst.«

»Erzählen wir euch nach und nach«, sagte Marie. Sie setzten sich an einen Tisch und bestellten Souvlaki für Marie und eine Pizza Spezial für Marc.

»Marie, ich könnte jetzt einen guten Roten vertragen. Du hast doch nichts dagegen?«

»Nein, was sollte ich dagegen haben, wenn du Wein trinkst?«

»Na ja – ich meine. Helen hat mir gesagt, dass du keinen Alkohol mehr trinkst. Deshalb frage ich.«

»Im Urlaub habe ich zum ersten Mal wieder Wein getrunken. Und ich habe ihn genossen. Ich bin schließlich keine Alkoholikerin. Es ist in Ordnung, wenn du Wein trinkst. Ich würde auch ein Glas trinken, wenn ich nicht Auto fahren müsste.«

»Ja, kann ich gut verstehen. Die machen immer mehr Kontrollen. Besonders zwischen Frechen und Türnich.«

»Es geht mir nicht um die Kontrollen. Ich möchte nur keine anderen Menschen und ebenso wenig mich gefährden, indem ich alkoholisiert fahre. Es ist einfach Respekt meinen Mitmenschen gegenüber.«

Maria gab ihren Mitarbeitern zu verstehen, dass sie selbst ihren Freunden die Getränke bringen wolle. Während sie Marc ein Glas von dem biologischen Roten hinstellte, gab sie Marie eine Apfelsaftschorle. Und setzte sich zu ihnen. Natürlich wollte sie wissen, was der Grund für ihr Fernbleiben war. Marie erzählte ihr in Kurzform, ohne sich in Kleinigkeiten zu verlieren, was sich ereignet hatte.

Maria sah sie abwechselnd an. »Ihr wirkt nicht so, als wenn ihr seit Jahren getrennt gelebt hättet. Ihr seht so glücklich aus wie immer.«

Marie und Marc lachten verlegen. Maria erzählte von ihrem Leben. Auch bei ihnen hatte sich einiges ereignet. Wie im Leben aller Menschen. Das Essen kam. Maria stand auf und ließ sie allein am Tisch zurück. Das Essen war, wie immer, ausgezeichnet. Marc genoss die Zeit mit Marie.

Marie kam ein Gedanke. »Marc, hast du dir selbst schon vergeben?«

Marc schaute von seiner Pizza auf. »Darüber habe ich noch gar nicht nachgedacht.«

»Ich habe mich intensiv mit Vergebung beschäftigt. Und habe gelesen, dass es wichtig ist, sich für Fehler oder Missgeschicke selbst zu vergeben. Vergebung führt zur Heilung, hat mir eine weise Frau gesagt. Ich glaube es, weil ich es angewandt habe. Von dem Moment an, als ich dir auf der Heimfahrt nach Türnich vergeben habe, geht es mir wieder besser. Das war gleichzeitig der Ausgangspunkt für meine Entscheidung, in Urlaub zu fahren, dich heute anzurufen und zu treffen. Und nun sitzen wir hier wie vor Jahren, als wenn nichts zwischen uns geschehen wäre.«

Marc dachte nach. »Wirklich erstaunlich. Ja, ich glaube, da ist was dran.«

»Da ist nicht nur was dran. Das ist das Wertvollste, das ich in meinem bisherigen Leben erlebt habe. Ich habe das tiefe Bedürfnis, meine Erfahrungen und die damit verbundenen Erkenntnisse an meine Mitmenschen weiterzugeben.«

»Gute Idee«, stimmte Marc zu.

Marie schaute Marc tief in die Augen. »Marc, wenn du es noch nicht getan hast, dann vergib dir bitte.«

»Ja, und wie stelle ich das an?«

»Wenn du allein bist, sage Folgendes ... aus tiefstem Herzen vergebe ich mir dieses oder jenes.«

»Das ist alles?«

»Das ist alles!«

»Das klingt einfach.«

»So leicht, wie du denkst, ist es nicht.«

»Viele Menschen wissen nichts über die Bedeutung von Vergebung und können weder sich noch anderen vergeben.«

»Ja, das leuchtet mir ein. Es scheint wirklich schwer zu sein.«

»Marc, ich möchte dir noch etwas sagen, von dem du keine Kenntnis hast. Du weißt, dass ich seit einigen Monaten mit Uwe befreundet bin.«

»Ja, das weiß ich. Ist auch egal, von wem.«

»Ja, das ist auch egal. Ich möchte dir ehrlich sagen, dass Uwe und ich einmal miteinander geschlafen haben.«

Marc schluckte.

»Nur einmal. Es ist einfach so passiert. Ich hatte drei Jahre lang nichts mit einem Mann. Natürlich habe auch ich mich nach Zärtlichkeit gesehnt.«

»Marie, ich habe öfters mit Conni geschlafen. Deshalb müssen wir das nicht mehr erwähnen.«

Er nahm ihre Hand und drückte sie zärtlich.

»Ja, ist in Ordnung. Lass uns über etwas anderes reden.«

»Gerne.«

»Bevor ich es vergesse. Morgen rede ich mit Uwe und sage ihm, dass wir wieder zusammen sind.«

»Danke, Marie. Das sehe ich auch so, dass wir wieder zusammen sind. Ich habe nie aufgehört, dich zu lieben.«

Saki gesellte sich zu ihnen an den Tisch, legte seine Hand auf Marcs Schulter und schenkte beiden sein bezauberndstes Lächeln. Obwohl er nicht mehr der Jüngste war, sah man ihm noch immer die Schönheit seiner Jugend an. An der Wand hing ein Bild seiner

Familie aus Griechenland, auf dem die Anmut seiner Mutter, seiner Frau und der Kinder erkennbar war.

Marc bestellte ein zweites Glas Wein. Marie eine Apfelsaftschorle. Sie redeten noch lange miteinander. Es war einer dieser Tage, die niemand planen, die keiner vorhersehen konnte. Marie hatte sich vorgenommen, mit Marc zu reden, ihm alles zu sagen, was er über sie wissen sollte. Dass so viele Emotionen in ihnen hochkommen würden, hätte sie nicht für möglich gehalten. Das Beisammensein mit Marc fühlte sich so an, als hätten sie sich niemals getrennt. Marie wusste nicht, wie es mit ihnen weitergehen würde. Etwas lag ihr jedoch noch schwer im Magen – Uwe. Gleich am nächsten Tag wollte sie alles mit ihm klären.

Am späten Nachmittag verabschiedeten sie sich herzlich von Saki und Maria. Marie begleitete Marc auf seinem Nachhauseweg. Sie hatten sich eingehakt wie ein altes Ehepaar. Es hatte etwas Vertrautes. Als sie an der Hasenweide vorbeikamen, erzählte Marc ihr, dass er vor ihrem Treffen an Omas Haus vorbeigegangen sei. In Marie wurden Erinnerungen wach. Oma Gertrud hatte nicht lange gebraucht, um Marc in ihr großes Herz zu schließen. Das hatte sie Marie gleich gesagt, als er sich nach seinem ersten Besuch in ihrem Haus vor vielen Jahren verabschiedet hatte. Das ist ein Guter, hatte nicht nur sie ihr bestätigt. Der Rest der Familie hatte dem zugestimmt. Marie und Marc wurden schnell zu einem Paar, das unzertrennlich schien. Bis zu dem schicksalhaften Tag auf Mallorca.

Marie wandte sich zu Marc und sah ihm in die Augen. »Marc, du kannst dir nicht vorstellen, wie glücklich ich über unsere gemeinsamen Stunden bin. Morgen will ich mich mit Uwe treffen und ihm die Wahrheit sagen.«

»Danke, Marie. Ich weiß nicht, wann ich zum letzten Mal so glücklich war wie heute.«

»Lass uns alles Weitere langsam angehen. Wir müssen nichts überstürzen. Du kannst mich so oft sehen, wie du willst. Und – ich liebe dich, Marc.«

»Ich liebe dich auch, Marie.«

Zum Abschied drückten sie sich fest und küssten sich auf den Mund. Flüchtig, es war kein langer Kuss. Aber das war nicht wichtig. Es war ein liebevoller Kuss. »Ich rufe dich morgen an, Marc.«

»Bis morgen, Marie.«

»Bis morgen, Marc.«

Marie ging glücklich zu ihrem Wagen und fuhr nach Hause. Bei dem Gedanken an Uwe wurde sie unruhig. Am Abend rief sie Helen an. Sie wusste, dass sich ihre Schwester über die Neuigkeiten genauso freuen würde wie sie.

»Hallo, Marie.«

»Helen«, eine kurze Pause entstand. Marie atmete tief ein.

»Helen, Marc und ich haben heute in Frechen im Eiscafé und später im El Greco wunderschöne Stunden miteinander verbracht.«

»Marie, du kannst dir nicht vorstellen, wie mich das freut.«

»Wir haben uns sogar gesagt, dass wir uns lieben.«

»Mir kommen gleich die Tränen.«

»Mir auch.«

»Und wie geht's nun weiter? Ach, blöde Frage. Es kann nur gut weitergehen mit euch beiden.«

»Das sehe ich genauso. Ich habe Marc gesagt, dass wir es langsam angehen. Wir sind ja nicht in Eile. Das wird sich alles entwickeln.«

»Davon bin ich überzeugt, Marie. Ich freue mich so sehr für dich. Ich meine, für euch. Für Marc freue ich mich ebenfalls. Ehm – was du noch nicht weißt, Marie. Wir hatten während eurer Trennung mehr Kontakt zu Marc, als dir bewusst ist. Wir haben uns regelmäßig getroffen. Schließlich war er nicht nur mein Schwager, sondern unser bester Freund. Hans sieht das genauso. Und die Kinder auch. Dazu fällt mir ein, dass meine lieben Kinder in den letzten Jahren etwas vollbracht haben, das ich ihnen ehrlich gesagt nicht zugetraut hätte. Ich hatte sie gebeten, dir gegenüber möglichst nicht zu erwähnen, wenn Marc bei uns zu Besuch war. Ich weiß, dass du seine Besuche bei uns toleriert hättest. Jedoch war mir klar, dass sie dir wehgetan hätten. Und ich wollte nicht, dass du noch mehr leidest.«

»Danke! Das ist wirklich erstaunlich. Vielleicht hat eines der Kinder irgendwann einmal etwas ausgeplaudert über Marc. Doch bewusst ist es mir nicht.«

»Marie, ich möchte dir noch etwas sagen. Irgendwie hatte ich immer das Gefühl, dass ihr, Marc und du, wieder zusammenfindet. Richtig geglaubt habe ich es noch nicht einmal. Es war mehr ein Gefühl. Wie auch immer, ihr seid wieder vereint. Issssst das schön. Ich würde dich am liebsten ganz fest drücken.«

»Danke, Helen. Morgen rufe ich Uwe an. Ich will mich mit ihm treffen und ihm sagen, was sich ereignet hat.«

»Er wird nicht begeistert sein.«

»Das glaube ich auch. Ich sage ihm, dass ich es gern sähe, wenn wir Freunde blieben.«

Helen spürte bei Maries Worten einen Druck im Magen. Freunde blieben, klang es in ihr nach.

»Ich hoffe und wünsche dir, dass alles gut geht.«

»Danke, ich mir auch.«

»Ich muss in die Küche, nach dem Essen sehen, Marie. Wir reden morgen, dann kannst du mir sagen, was sich ergeben hat.«

»Gut, Helen. Lasst euch das Essen schmecken und liebe Grüße.«

»Tschüss, bis morgen.«

»Bis morgen.«

Marie fühlte bei all ihrem Glück einen kleinen Schatten auf dem Herzen. Der trug einen Namen – Uwe. Es wird schon gut gehen, sprach sie sich Mut zu. Sie nahm eine Kleinigkeit zu sich und kochte sich einen Tee. Dann setzte sie sich auf die Couch, schaltete den Fernseher an, zappte durch die Programme und schaltete ihn wieder aus. Sie schaute in die Nacht hinaus und sah Marc vor ihrem inneren Auge. Er sieht immer noch gut aus, dachte sie. Einige

Fältchen und paar graue Haare mehr, doch immer noch ist er ein gut aussehender Mann. Und vom Charakter her ein Gentleman.

Sie war einfach nur glücklich, dass sie den Tag so verlebt hatten. Marie wunderte sich, was Erfahrungen in einem Menschen verändern konnten. Was das Bewusstsein mit einem machte. Es war die Einsicht, in der Lage zu sein, etwas umzugestalten. Dass eine Entscheidung das gesamte Leben in eine andere Richtung lenken konnte. Es war auch kein Zufall, dass sie vor all den positiven Veränderungen Bücher gelesen hatte, in denen sie Antworten auf ihre Fragen erhielt. Und auch Helen und Manfred hatten ihr in etwa das Gleiche gesagt. Die Worte ihrer verstorbenen Oma waren ebenfalls eine Hilfe. Marie hob ihren Kopf. »Danke, Oma.«

Das passte irgendwie alles zusammen. Da passte ein Rädchen ins andere. Ein Schicksalsrädchen bediente ein weiteres, das wiederum andere verbundene Rädchen in Bewegung setzte. Das ist ja fantastisch, dachte Marie. So geht das, so kann ein Mensch vielerlei in Bewegung setzen. So kann er sein Leben in andere Richtungen lenken. In glückliche Bahnen steuern. Aber auch in unglückliche, wurde ihr bewusst. Durch unwissende Handlungen konnte ein Mensch sich und anderen Schmerzen zufügen. Sie hatte es am eigenen Leib erfahren. Eine Handlung, ein unbedachtes Wort des Zorns konnten Leben verändern. Viele Leben, nicht nur eines. Marie wurde vollends klar, dass nicht alle Menschen wussten, wie es funktionierte. Deshalb gab es weiterhin Kriege auf der Welt. Aus Unwissenheit würden die Menschen weiterhin lügen, betrügen, morden und verletzen. Täter gaben nichts anderes als ihre tief sitzenden Schmerzen und Verletzungen weiter. Menschen, die sich aus tiefstem Herzen liebten, gaben diese Liebe, die in ihnen lebte, an andere weiter. Und andere fühlten diese Liebe. *Die Lösung für was auch immer ist Liebe.* Diese Botschaft begleitete Marie. Ja, dachte sie, Liebe und Vergebung.

Wer sich liebt, vergibt auch, hatte Helen ihr gesagt. Denn Eigenliebe bedeutete auch, sich so zu lieben, dass man keinen Schmerz der Verletzung in sich duldete und ihn mittels Vergebung aus seinem Herzen entließ. Den Schmerz weggab, herausließ. Ich liebe mich, deshalb dulde ich keine Verletzung in mir, war eine neue Erkenntnis. Ich habe jahrelang gelitten, weil ich nicht wusste, wie ich meine Verletzung auflösen konnte. Wenn ich es gewusst hätte, hätte ich Marc schon vor Jahren vergeben. Dann hätten wir einen Tag wie den heutigen, der voller Liebe war, schon vor Jahren erleben können. Und die letzten drei Jahre glücklich miteinander gelebt.

Marie fiel etwas Bedeutendes ein. Jeder Mensch, ausnahmslos jeder, hatte die Macht der Entscheidung. Somit konnte er selbst Verletzungen auflösen, sich von seinen Schmerzen befreien. Er benötigte weder seinen Partner noch einen Arzt oder was auch immer dafür. Was er brauchte, war die Bereitschaft zu vergeben und Eigenliebe. Sicherlich konnten Geschwister wie Helen, Freunde, Partner, Ärzte oder Eltern auf diesem Weg behilflich sein. Marie nahm sich vor, es jedem zu sagen, der es hören wollte. Für sie jedenfalls war es die wertvollste Erkenntnis überhaupt in ihrem bisherigen Leben. Und diese Gewissheit in Verbindung mit der Handlung hatte zu ihrer Lebenswandlung geführt. Zu den einfühlsamen Stunden heute mit Marc. Sie hatten nicht nur Marc und sie glücklich gemacht, sondern auch Helen, Hans, die Kinder, Saki, Maria und alle, die ihnen ihr Glück ansahen.

Marie hatte die Zeit vergessen. Es war schon spät. Sie ging ins Bad und anschließend ins Bett. Mit einem glücklichen Herzen fiel sie in einen tiefen Schlaf.

Nein, am nächsten Morgen war nicht der Name Marc in ihr präsent, wie sie es sich gewünscht hätte, sondern Uwe. Ihr war klar, dass sie mit ihm reden musste. Nach dem Frühstück wählte sie seine Nummer.

»Hallo, Marie. Ich freue mich so sehr, dass du anrufst.«

»Hallo, Uwe, können wir uns heute im Laufe des Tages treffen?«

»Nichts lieber als das, Marie. Wo und wann?«

»Was hältst du davon, wenn ich nach Köln-Müngersdorf komme? Dann könnten wir in dem Café an der Ecke einen Kaffee trinken.«

»Gute Idee. Und wann?«

»Ich einer Stunde etwa?«

»Super! Bis dann, ich freue mich.«

»Ich mich auch«, sagte Marie. Meinte es allerdings nicht so. Sie hatte eine Vorahnung.

Eine Stunde nach dem Anruf saßen sie sich in dem Café gegenüber. Marie kam ohne Umschweife direkt zu dem, was sie ihm mitteilen wollte.

»Uwe, ich möchte dir etwas sagen.«

Uwe erschrak. Seine Nackenhaare stellten sich auf.

»In meinem Urlaub habe ich viel Zeit zum Nachdenken gehabt. Ich habe über mein Leben nachgedacht. Und wie es weitergehen soll oder könnte.«

»Das finde ich gut«, antwortete Uwe.

»Selbstverständlich habe ich auch an dich gedacht.«

»Das freut mich. Und zu welchem Schluss bist du gekommen?«

»Gestern hatte ich ein längeres Gespräch mit Marc.«

Uwe zuckte zusammen. »Mit Marc? Wieso mit Marc?«

»Mit Marc, weil wir viele Jahre verheiratet waren. Ich habe ihm gesagt, dass ich ihm seine Verfehlung vergeben habe.«

Uwe, der ahnte, was kam, unterbrach sie. »Wieso hast du dem Kerl vergeben? Fremdgehen kann man doch nicht vergeben.«

»Auch Fremdgehen kann man vergeben, Uwe. Wenn man das ganze Drumherum betrachtet.«

»Welches Drumherum? Ich verstehe überhaupt nichts mehr.«

Marie spürte, wie Wut in Uwe aufstieg. Deshalb wollte sie es schnell hinter sich bringen.

»Uwe, warte bitte einmal. Ich kann dir das alles nicht sagen, wenn du mich ständig unterbrichst.«

»Na, dann sag schon, was du mir Wichtiges zu sagen hast.«

»Will ich ja. Ich danke dir für deine Freundschaft. Und für das, was du mir gegeben hast. Und ich möchte, dass wir gute Freunde bleiben. Marc und ich haben beschlossen, es noch einmal miteinander zu versuchen.«

Uwe lief rot an. Er war schockiert. Damit hatte er nicht gerechnet. Er hatte sich in den letzten Wochen eine Zukunft mit Marie ausgemalt. Wie sie glücklich in seinem Haus lebten und das Leben in vollen Zügen genossen. Für ihn brach eine Welt zusammen. Er fand keine Worte, stand auf und verließ das Café, ohne ein weiteres Wort zu verlieren. Marie wartete einige Minuten, atmete tief ein und wieder aus, beglich die Rechnung und machte sich auf zu ihrem Auto.

Uwe hatte ein Problem. Und das seit seiner Kindheit. Er hatte immer Prügel bezogen und war der Einzige, der keine Freundin abbekommen hatte. Deshalb fühlte er sich ein Leben lang als Verlierer. Dieses unerträgliche Gefühl des Versagens demoralisierte ihn. Während der Zeit mit Marie hatte er sich zum ersten Mal nicht als Verlierer gefühlt. Und jetzt war da wieder ein anderer.

Während der Heimfahrt stellte sich ein ungutes Gefühl in Maries Magengegend ein. Sie hoffte, dass Uwe nicht auf dumme Gedanken käme.

Schon in den nächsten Tagen bestätigte sich ihr ungutes Gefühl. Uwe ließ keine Gelegenheit aus, um möglichst vielen Menschen zu sagen, was für ein verdorbenes Biest sie doch sei.

Er hätte ja nicht mit ihr schlafen wollen, verbreiteten sich seine Worte in Windeseile. Er wollte warten, bis sie zumindest verlobt waren. Einen Verlobungsantrag hatte er schon geplant. Doch als sie an jenem Abend bei ihm splitternackt auf dem Sofa lag, als er aus dem Bad kam, konnte er natürlich nicht widerstehen. Uwe hatte es jedem erzählt, der es hören beziehungsweise auch nicht hören wollte. Die meisten glaubten es ohnehin nicht.

Marie war schockiert, als sie davon erfuhr. Jeder wusste es. Nun, da sich in ihrem Leben alles wieder zum Positiven zu entwickeln schien, verbreitete dieser blöde Kerl solche Lügen. Sie hatte dazu gestanden, mit ihm geschlafen zu haben. Das hatte auf Gegenseitigkeit beruht. Seine Lügen jedoch schmerzten. Nicht nur sie. Auch Marc litt sichtlich darunter. Nachdem er es von Marie erfahren hatte, rief er sofort Uwe an und sagte ihm, dass er ihm die Zähne einschlage, wenn er die Lügen weiterverbreite und sich bei Marie nicht entschuldige. Uwe antwortete ihm, dass es für ihn kein Problem sei, es mit ihm aufzunehmen. Und dass er froh sei Marie nicht mehr zu sehen.

Zu allem Überfluss hatte auch ihre Mutter davon erfahren. Marie hatte ihr unter der Androhung, den Kontakt zu ihr abzubrechen, verboten, auch nur ein weiteres Wort darüber zu verlieren. Natürlich gab die Mutter wieder ihr die Schuld. Die Frau wird auch nie klug, ärgerte sich Marie. Wie konnte sie nur den Lügen anderer mehr Glauben schenken als den Worten ihrer eigenen Tochter. Sie stand kurz davor, mit ihrer Mutter kein Wort mehr zu wechseln. Wenn ihr Vater und ihre Schwester nicht wären, hätte sie den Schritt vollzogen.

Helen wollte ihrer Schwester helfen. Sie wusste, wo Uwe arbeitete. An einem Montag fuhr sie zu der Firma, in der Uwe beschäftigt war, und passte ihn auf dem Parkplatz vor der Firma ab. Uwe erschrak, als er Helen sah, und wollte schleunigst zu seinem Auto. Helen stellte sich ihm in den Weg. »Warte, Uwe! Wir müssen reden.«

»Über was reden?«

»Du weißt genau, worüber.«

»Ja! Ja! Sie ist doch selbst schuld. Ich kann doch nichts dafür.«

»Warte mal, Uwe. Wieso und warum ist Marie selbst schuld?«

»Weißt du doch. Das muss ich dir nicht alles noch mal explizieren. Lass mich gefälligst gehen. Ich muss nach Hause.«

»Du weißt ganz genau, dass du Lügen über meine Schwester verbreitest. Und wenn du das nicht geradebiegst, dich nicht bei Marie entschuldigst und die Wahrheit sagst, dann wird sie dich anzeigen. Ist das klar?«

»Gar nichts ist klar. Lass mich in Ruhe mit deiner blöden Marie.«

»Du hast doch nur Wut, dass sie Marc wieder liebt. Es gibt doch noch andere Frauen für dich.«

Uwe streckte seine Arme aus. Helen ballte ihre Fäuste und hielt sie ihm entgegen. »Wage nicht, mich anzufassen.«

Uwe ließ die Arme sinken. Er sah Helen an, dass es ihr ernst war. Helen ging zur Seite und ließ ihn gehen. Es reichte, sie hatte ihm gesagt, was sie zu sagen hatte. Uwe litt, das war klar. Aber er wollte nicht allein leiden. Er hatte Marie geliebt. Und nun war seine Liebe in Hass umgeschlagen. Deshalb wollte er auch Marie leiden sehen. Und dafür würde er sich noch einiges einfallen lassen. Helen hatte ihn gewarnt. Sie würden einen Anwalt einschalten, wenn er weiterhin Lügen verbreitete.

Helen ging zu ihrem Wagen und fuhr nach Hause. Noch während der Heimfahrt telefonierte sie mit Marie und erzählte ihr das Vorgefallene. Marie hatte nichts von Helens Aktion gewusst. Und sie hatte Marc gebeten, sich von Uwe fernzuhalten. Marc hatte es ihr versprechen müssen.

Helen hatte sich bei einem Freund von Hans, der Rechtsanwalt war, erkundigt, was man dagegen unternehmen könne, wenn jemand solche Lügen verbreitete. Der Rechtsanwalt hatte ihr nahegelegt, erst einmal abzuwarten. Meistens würde sich die Wut enttäuschter Männer wieder legen. Helen kam ein weiterer Gedanke. Sie wollte ihrer Schwester auf alle Fälle helfen und nichts unversucht lassen. Sie entschloss sich, Uwe einen Brief zu schreiben, den sie am selben Tag abschickte.

Hallo Uwe,

ich kann gut verstehen, dass Du wütend und enttäuscht bist. Marie hat Dich nicht mit Absicht verletzt. Sie hat es ehrlich mit Dir gemeint. Sie hat Dir niemals etwas vorgemacht oder gelogen. Du wusstest immer, woran Du bei ihr warst. Und Du weißt, dass ihr in beiderseitigem Einverständnis miteinander geschlafen habt. Sie im Nachhinein so schlecht zu machen, ist eine ungeheuerliche Frechheit.

Ich kann mir vorstellen, dass Du leidest. Und das ist der Grund, weshalb du auch Marie leiden sehen möchtest. Damit ist jedoch niemandem geholfen. Für Dich und Dein Leben wäre es von Vorteil, wenn Du die Wahrheit verbreiten würdest und Dich für die Lügen entschuldigst. Dann wird Dein Schmerz vergehen und Du wirst wieder in der Lage sein, ein glückliches Leben mit einer anderen Frau zu führen.

Falls Du Dich entscheiden solltest, weiterhin Lügen zu verbreiten, kannst Du darauf gefasst sein, dass wir alles unternehmen werden, um Dich zum Schweigen zu bringen. Mit einem befreundeten Rechtsanwalt habe ich schon darüber gesprochen.

Wenn Du möchtest, kannst Du mich anrufen. Meine Nummer wirst du sicher noch abgespeichert haben.

Gruß Helen

Uwe las den Brief. Wollte ihn schon in den Papierkorb werfen, entschied sich aber dagegen und las ihn ein zweites Mal. Helen hatte ja recht. Das wusste er. Doch die Wut kochte noch in seinen Adern. Wenn er nur an Marie dachte, wurde er wütend. Er sah sie oft vor sich. In der Nacht, als sie auf der Couch miteinander geschlafen hatten. Es war eine berauschende Nacht. Es war die schönste Nacht überhaupt in seinem Leben. Er hatte nicht viele Frauen gehabt. Eine bessere Frau als Marie hätte er sich in seinen kühnsten Träumen nicht wünschen können.

Er liebte sie noch immer. Und dafür hasste er sich und auch sie. Er hätte alles dafür getan, sie zu heiraten. Sein gesamtes Vermögen hätte er dafür gegeben. Er hatte keine Freude daran, sich große

Autos oder sonstige Luxusartikel zu kaufen. Sein Haus in Köln war ihm wichtig. Alles hätte er für ein gemeinsames Leben mit Marie gegeben. Sie ging ihm einfach nicht aus dem Kopf. Er konnte von morgens bis abends an nichts anderes als an Marie denken.

Marie und Marc genossen ihre neu gewonnene Zweisamkeit. Obwohl Uwes Lügen sie belasteten. Sie verbrachten viel Zeit miteinander und gingen oft aus. Eines ihrer Lieblingsrestaurants war früher das *Ahle Konsum* in Kerpen-Balkhausen gewesen. Die Besitzer Andrea und Andreas hatten irgendwann den Beschluss gefasst, den Namen in *wunderbarer Konsum* abzuändern. Marc hatte sich für Freitagabend mit Marie im *wunderbaren Konsum* verabredet. Die Freude über das Wiedersehen mit ihren alten Freunden war Andrea und Andreas anzusehen. Natürlich kannten die beiden Maries und Marcs Geschichte und auch die Lügen, die Uwe verbreitet hatte. Marie und Marc wollten nicht mehr darauf angesprochen werden und lieber über erfreuliche Dinge reden. Von den erfreulichen gab es immer ausreichend im kreativsten Erlebnislokal im Erftkreis, wie nicht nur Marc den *Konsum* bezeichnete.

Andreas' Ideen waren grenzenlos. Bei ihm war nichts normal. Er mochte einfach nichts Normales. So gab es Schnitzel im Glas, Heuschrecken auf der Speisekarte und auch auf dem Teller, wenn sie jemand denn bestellte. Spezialitäten, wie Gemüsesuppe, die fast täglich frisch von einem Bauernhof angeliefert wurde, waren zu haben als auch ein Frühstück mit Sekt und anderen Köstlichkeiten. Die Preise entbehrten ebenfalls jeder Normalität. So fand niemand 2,50, 4,50, 6,00 oder 9 Euro auf der Karte. Der überraschte Gast, wenn es sich nicht um einen Stammgast handelte, der es kannte, schmunzelte über Preise wie ... 7,77, 3,89, 9,78 und so weiter. Das Café, Bistro, Restaurant, so genau wusste niemand, was es wirklich war – wahrscheinlich wollte und sollte das auch niemand wissen –, war ein Erlebnis für sich. Es glich mehr einem Museum für Fußball- und Eishockeytrikots. Ausgefallene Sprüche, Zitate und

Zeitungsartikel verschiedenster Art fehlten ebenso wenig wie außergewöhnliche Getränke. Außerdem war es bunt und hell gestaltet.

Die Unterhaltungen mit Andreas waren nie langweilig. Er wusste immer etwas. Und er wusste immer etwas Lustiges. Seine Ideen gingen so weit, dass er einen Service für Elektrorollstühle anbot. Seine Ideen alle aufzuführen würde ein eigenes Buch füllen. Lesungen von Schriftstellern und Livemusik fehlten ebenso wenig wie Karnevals- und andere saisonale Höhepunkte.

An diesem Abend saßen sie zur späten Stunde mit anderen Stammgästen an einem großen Tisch und erzählten von früheren Zeiten. Marie und Marc wollten sich Zeit lassen für ihre neue Beziehung, für ihr neues Leben und mussten nichts überstürzen. Sie trafen sich so oft wie möglich und verbrachten viel Zeit mit tiefsinnigen Gesprächen, die sie früher nicht in dieser Form geführt hatten. Sie genossen ihre Zweisamkeit, gingen aus zum Essen, besuchten Helen, Hans und die Kinder und ihre früheren Freunde. Auch auf mehrmaliges Bitten ihrer Mutter hin wollte sie noch nicht mit Marc in ihr Elternhaus. Marie wusste nicht einmal genau, weshalb. Ihr Gefühl schien ihr mitteilen zu wollen, dass sie warten solle. Und sie hatte gelernt, auf ihr Gefühl zu hören.

Sie hatten festgestellt, dass eine zerbrochene Beziehung auch das Ende von Freundschaften bedeuten kann. Dass dieses Phänomen keine Seltenheit war, wussten sie von anderen Paaren. Marie und Marc hatten noch kein Wort darüber verloren, irgendwann wieder in einem Haus oder einer Wohnung zusammenzuleben. Das würde sich ergeben, wenn die Zeit dafür reif war.

Helen, Hans und die Kinder konnten es nicht erwarten, bis Marie und Marc sie wieder besuchten. Wenn sie gemeinsam beim Abendessen am Tisch saßen, kam es ihnen so vor, als wenn sich nicht das Geringste geändert hätte. Dass die Kinder über Marcs Besuche dichtgehalten hatten, glich einem Wunder. Marc redete nicht mehr viel, fiel Marie auf. Dafür sprachen seine Augen Bände. Sie sprachen von Glück und Dankbarkeit.

Drei Monate waren vergangen. Der Frühling gab sein Bestes, um die Menschen mit milden Temperaturen, mit Sonnenschein, Blumen und den ersten zartgrünen Blättchen an den Bäumen zu erfreuen. Marie und Marc hatten beschlossen, wieder in Marcs Haus in Bachem zu leben, und waren am Pläne-Schmieden, wohin die nächste Urlaubsreise gehen sollte. Spanien ja, aber es musste nicht unbedingt Mallorca sein. Marie hatte Marc von Cádiz vorgeschwärmt. Von dem Licht, den freundlichen Menschen, dem köstlichen Essen, der prächtigen Altstadt, dem Markt, dem Wein, dem Sherry und dem charmanten Hotel Alquimia. Sie hatte ihm auch von Carlos erzählt. Marc war nie eifersüchtig gewesen und konnte durchaus verstehen, dass sich dieser Carlos in seine Marie verguckt hatte. Er war nicht der Einzige, seit er Marie kannte.

An einem arbeitsfreien Samstagmorgen saßen sie in Maries Wohnung am Computer und bastelten an einer zweiwöchigen Reise nach Cádiz und Sevilla. Letztendlich buchten sie einen Hin- und Rückflug Köln–Sevilla, zehn Tage im Hotel Alquimia und vier Tage Sevilla. Die Vorfreude war entsprechend groß.

Im Laufe der Monate hatte Uwe sich beruhigt, zumal er beim Tanzen eine Frau kennengelernt hatte. Es hatte allerdings eines Briefs von einem Rechtsanwalt bedurft, der ihm mit einer Klage drohte. Uwe hatte sich schriftlich bei Marie entschuldigt und versprochen, keine Unwahrheiten mehr zu verbreiten und einige Dinge wieder ins rechte Licht zu rücken.

Marie war glücklich mit ihrem neuen Leben. Auf der Arbeit trat sie nun kürzer, was ihrem Chef nicht gefiel. Er akzeptierte es, weil er Marie schätzte, die von April an einige Stunden weniger in der Woche arbeitete. Ihr Chef hatte daraufhin, auch weil ein weiterer Mitarbeiter in Rente gegangen war, einen neuen Fotosetzer einstellen müssen. Der Neue war ein Arbeitstier. Er war jung, dynamisch,

Single und liebte es, Überstunden zu machen. Er war zwar ein kleiner Chaot, wie sich alle einig waren, jedoch ein lieber Kerl. Alle mochten ihn.

Marie hatte sich Zeit gelassen, bis sie so weit war, ihr altes Zuhause wieder zu betreten. Marc hatte sie nicht gedrängt. Obwohl Marie nicht daran denken wollte, dass Marc über ein Jahr mit einer anderen Frau in dem Haus gelebt hatte, waren die Gedanken da. An einem Sonntagnachmittag, nach einem Spaziergang, hatte sie sich spontan entschlossen, mit Marc einen Kaffee im Haus zu trinken. Ein seltsames Gefühl begleitete sie, als sie durch die Tür in den Flur trat. Wenig hatte sich verändert, seit sie das Haus verlassen hatte. Die Küche sah gleich aus, ebenso das Wohnzimmer, im Schlafzimmer und im Bad lagen zwei neue Matten auf dem Boden.

»Marc«, begann Marie. »Wenn ich wieder zu dir ziehe, möchte ich ein neues Bett haben. Ist das in Ordnung für dich?«

»Ja, wir können in den nächsten Tagen zum Bettenhaus fahren, dann kannst du dir eins aussuchen.«

»Danke.«

»Bitte, das ist doch selbstverständlich. Wenn du sonst noch einen Wunsch hast, dann sage es mir bitte.«

»Mache ich, mein Lieber.«

Marie beugte sich vor und gab ihm einen Kuss. Es war noch nicht so wie früher, dachte Marie. Das war auch klar. Sie hatte es nicht erwartet. Es brauchte Zeit. Sie hatte damit aufgehört, Erwartungen an andere und sich selbst zu haben. Erwartungen führen oft zu Enttäuschungen. Was sollte sie auch erwarten? Sie hatte alles, um glücklich zu sein. Sie hatte sich entschlossen, in den nächsten Wochen wieder öfters ihr altes und neues Zuhause aufzusuchen.

Währenddessen hatte Marie ihren Mietvertrag gekündigt. Sie kannte die Eigentümerin, die ihre eigene Wohnung wieder beziehen würde. Es war die Arbeitskollegin einer Bekannten. Sie hieß Laura und war eine schöne, attraktive Frau, die viele Jahre in einem

Kölner Krankenhaus auf der Intensivstation als Krankenschwester gearbeitet hatte und nun in einem Dialysezentrum tätig war. Für Menschen wie Laura empfand Marie größten Respekt und Bewunderung. Laura leistete viele Stunden Arbeit, hatte viel Verantwortung und ein immenses medizinisches Wissen. Oft stand sie morgens um vier auf, um kranken Menschen zu helfen. Solche Fachkräfte müssten normalerweise viel mehr verdienen für ihre wertvolle Arbeit.

Sie traf Laura am folgenden Samstag in ihrer Wohnung. Zuvor waren sie sich einige Male kurz begegnet. Unter anderem im *wunderbaren Konsum.* Nachdem Laura Maries Einrichtung bewundert hatte, da sie in etwa den gleichen Geschmack hatten, tranken sie Kaffee und unterhielten sich angeregt. Laura war eine wundervolle Frau, wie Marie schnell feststellte. Möglicherweise konnte sich zwischen ihnen eine Freundschaft entwickeln. Laura hatte zudem einige Bücher gelesen, die auch sie gelesen hatte. So hatten sie ausreichend Gesprächsstoff. Weil sie sich gut verstanden und Laura nichts dagegen hatte, bald ihre Wohnung zu beziehen, einigten sie sich darauf, dass Marie schon in den nächsten Wochen auszog. Laura würde die Einbauküche und einen Bauernschrank übernehmen.

Marie sprach darüber am selben Abend mit Marc. Sie beschlossen, nach dem Urlaub wieder ihr gemeinsames Zuhause zu bewohnen. Mittlerweile stand ein neues frisches, unschuldiges Bett im Schlafzimmer, das auf sie wartete. Zwei Matten von Conni, die zuvor im Badezimmer lagen, waren ebenfalls ausgetauscht worden.

Marie freute sich auf den Urlaub und darauf, Marc ihre neue Liebe Cádiz vorzustellen. Wenn sie an ihren Umzug ins Haus dachte, stellten sich hin und wieder melancholische Gefühle ein. Das sei durchaus nichts Außergewöhnliches, hatte Helen ihr versichert. Die ihre Freude über die Wiedervereinigung von Marc und Marie, wie sie es nannte, einfach nicht verbergen konnte.

Wochen vor ihrem Urlaub begann Marie Kleider, Bücher und andere Sachen auszuräumen, die sie nicht mehr brauchte. Und zu ihrer Freude machte sie es mit Laura, wenn diese Zeit hatte. Denn die Arbeit nahm Letztere doch sehr in Anspruch. Laura hatte viel Lebenserfahrung, auch was Beziehungen anbetraf, und sie war in der Welt herumgekommen. Menschen, die reisen, erleben einiges und haben eine andere Sicht auf das Leben. Laura hatte auf ihren Reisen nach Asien, Afrika und Südamerika festgestellt, dass die überwiegende Anzahl der Menschen friedlich und gastfreundlich war. Und die Ärmsten waren es, die teilten. Von dem wenigen, was sie ihr Eigen nannten, gaben sie noch etwas ab. Es machte sie glücklich, überhaupt etwas zu haben, das sie teilen konnten. Es gab Menschen, die besaßen nichts zum Teilen. Und das seien die wirklich Unglücklichen, hatte man ihr gesagt. Doch die wahren Bedauernswerten waren die Reichen, die nichts abgeben wollten. Sie lebten im Überfluss, konnten jedoch nicht teilen. In ihnen existierten Ängste, den Besitz zu verlieren oder ihn nicht vermehren zu können.

Eine Woche vor ihrem Urlaub hatte Marie mit Marc ihre Kleider, Schuhe und andere persönliche Sachen ins Haus geschafft. Obwohl Marc der Meinung war, dass Marie nun schon einziehen könne, wollte sie ihrem Gefühl folgen und mit ihm erst nach dem Urlaub dauerhaft dort wohnen. Das wäre dann so, als käme sie wie früher aus dem Urlaub wieder nach Hause. Auch Marc fand die Überlegung passend.

Am Abreisetag fuhr sie nach Bachem, parkte ihren Wagen vor dem Haus und brachte noch einige Kleinigkeiten zu Marc, der ihr entgegenkam, sie küsste und beim Tragen half. Danach gingen sie mit ihren Rollkoffern zur Bahnstation und fuhren mit der S 7 nach Köln. Sie hielten sich, meist schweigend, die Hände. Als sie in Köln-Lindenthal an Uwes italienischem Lieblingsrestaurant vorbeifuhren, wurden in Marie Erinnerungen wach. Sie kamen aus einer fernen Welt. Aus einem vergangenen Leben, waren unwirklich.

Marc bekam nichts von Maries Gedanken mit. Er war glücklich, sie in seinen Armen zu wissen. Sie hatte sich an ihn geschmiegt.

Am Neumarkt stiegen sie um und waren in wenigen Minuten am Hauptbahnhof. Weil sie keinen Zeitdruck verspürten, gingen sie langsam, von vielen Reisenden umgeben, zu ihrem Gleis. Es war glücklicherweise mild an diesem Junimorgen. Im Winter blies oft ein kalter Wind auf den Bahnsteigen. Nach elf Minuten erschien die S 19, die direkt zum Flughafen fuhr. Marie fand es angenehm, mit dem Zug und nicht mit dem Auto zum Flughafen zu fahren.

Während der Fahrt erzählte Marie Marc mehr von ihren Erlebnissen in Cádiz. Er freute sich auf ihren ersten gemeinsamen Urlaub seit Jahren. Marc fühlte, dass sich etwas zwischen Marie und ihm verändert hatte. Nach längerem Nachdenken erhielt er eine Antwort. Dass sie sich noch aufrichtig liebten, war ihm klar. Auf eine besondere Art und Weise war die Liebe jedoch eine andere geworden. Sie war tiefer, fester, feinfühliger und reifer. Obwohl er sich nicht sicher war, ob diese Worte seine Gefühle trafen. Aber mussten oder konnten Worte überhaupt ausdrücken, was jemand empfindet, fragte er sich. Menschen legten ohnehin viel zu viel Wert auf Worte, die jemand, manchmal auch in Wut, von sich gab.

Er erzählte Marie von seinen Gedanken. Seit sie wieder zusammengefunden hatten, redeten sie mehr miteinander. Sie führten Gespräche, die sie früher so nicht kannten. Beide hatten sich verändert. Erfahrungen und Erkenntnisse veränderten Menschen. Sie sind gute Lehrer. Krankheit, Tod und Leid können ebenfalls lehrreich sein, hatte Helen ihnen gesagt. Auch die Zeit veränderte Menschen. So waren Marc und Marie heute andere Menschen als noch vor ihrer Trennung.

Am Flughafen ging es einigermaßen ruhig zu. Marie mochte keine überfüllten Flughäfen. Aber wer mag die schon? Sie begaben sich gleich zum Sicherheitscheck, wo Marie wieder ihren Koffer öffnen musste und auch abgetastet wurde. Warum immer sie sich einer gründlichen Kontrolle unterziehen musste, wusste sie nicht.

Marc hatte ihr einmal gesagt, dass es vielleicht an ihrer attraktiven Figur liege. Nachdem sie auch das hinter sich gebracht hatten, gingen sie einen Kaffee trinken.

Der Flug war kurzweilig, obwohl sie wenig redeten. Marie hatte ihren Kopf auf Marcs Schulter gelegt und war eingeschlafen. Marc genoss ihre Nähe. In Sevilla stiegen sie bei 25 Grad und herrlichem Sonnenschein aus der Maschine. Weil Marie wusste, wo der Bus zum Bahnhof wartete, waren sie schnell dort. Und weil sie noch genügend Zeit bis zur Abfahrt nach Cádiz hatten, beschlossen sie in das kleine Restaurant zu gehen, in dem Marie im Januar Bohnen und Tortilla gegessen hatte. So etwas behielt sie. Was nicht wirklich schwer war, weil diese zu ihren Lieblingstapas gehörten. Der Kellner war auch derselbe. Sie bestellte das Gleiche wie zuvor und zwei Gläser Wein.

Weil die Sonne in Andalusien im Juni ihr Bestes gibt, setzten sie sich nach wenigen Minuten am Nachbartisch unter einem Sonnenschirm in den Schatten. Zu zweit ist das Leben doch schöner, dachte Marie, als sie das Essen und den Wein genossen. Nachdem sie auch noch das letzte Stück Brot verzehrt hatten, zahlten sie und machten sich auf zum Bahnhof, wo viele Menschen herumliefen. Wie Marie richtig vermutet hatte, fuhr der Zug wieder von Gleis 7 ab. Er stand auch schon bereit. Sie stiegen ein, nahmen ihre reservierten Plätze ein und freuten sich, in Kürze ihr Urlaubsdomizil zu erreichen. Die Fahrtzeit betrug in etwa eineinhalb Stunden.

Marc mochte Andalusien. In besonderem Maße mochte er das Licht. Es hatte eine differenziertere Helligkeit als in anderen Gegenden Spaniens. Marie hatte ihm bestätigt, dass sich schon viele Menschen über die Lichtverhältnisse an der Costa de la Luz gewundert hätten. Als sie das Meer sahen, lief ein Strahlen über ihre Gesichter. Am Bahnhof von Cádiz nahmen sie sich ein Taxi, das sie in wenigen Minuten zum Hotel Alquimia brachte.

José, der sie an der Rezeption in Empfang nahm, war die Freude über das Wiedersehen mit Marie anzusehen. »Bienvenido, herzlich willkommen«, empfing er sie, kam hinter der Rezeption hervor und drückte sie. Dann reichte er Marc, der sich über die Freundlichkeit wunderte, die Hand. »Mein Mann«, stellte Marie Marc vor. Und sie war stolz und freute sich, ihn als ihren Mann vorzustellen. Marc, dessen Spanischkenntnisse nicht über Anfängerniveau hinausreichten, wandte das an, was er wusste. Und das war das Wichtigste, wie Marie ihm bestätigte. Buenas dias, adios, gracias, por favor, perdona – guten Tag, auf Wiedersehen, danke, bitte, Entschuldigung.

José gab ihnen, wie er augenzwinkernd Marc zugewandt betonte, sein erklärtes Lieblingszimmer mit einem riesigen Doppelbett. Er reichte Marc die Schlüssel und klopfte ihm auf die Schulter.

»Die sind ja freundlich hier«, sagte Marc zu Marie, als sie im Aufzug nach oben fuhren.

»Ja, Marc. Und das mag ich so gerne an Andalusien. Ich habe selten Menschen gesehen, die so ausgelassen lachen und ihre Fröhlichkeit so offen leben wie hier.«

»Irgendwie überträgt sich das, Marie. Seitdem ich aus dem Zug gestiegen bin, fühle ich mich leichter, ja beschwingter, hätte ich fast gesagt.«

»Das kannst du ruhigen Gewissens so sagen – beschwingter. Weil es die stimmige Bezeichnung für dieses Gefühl ist. Dazu fällt mir ein, dass es hier sicher Tanzlokale gibt. Wir haben schon lange nicht mehr getanzt.«

Sie stiegen im vierten Stock aus. Marc bewunderte auf dem Weg zu ihrem Zimmer die vielen Gemälde und die zahlreichen Blumen im Innenhof. Nachdem er die Zimmertür aufgeschlossen hatte und sie beide das riesige Bett und das Gemälde an der Wand sahen, konnten sie verstehen, weshalb es Josés Lieblingszimmer war.

»Echt klasse!«, sagte Marc. »Das hätte ich nicht erwartet.«

Marie schmiegte sich an ihn und gab ihm einen Kuss. Einen langen und innigen Kuss. In jenem Moment wurde Marc bewusst, dass sie seit ihrer erneuten Verliebtheit noch nicht miteinander geschlafen hatten. Das erschien ihm in jenem Moment außergewöhnlich, jedoch nicht befremdlich. Wahrscheinlich hatten sie die Zeit gebraucht. Er wollte Marie auch nicht bedrängen. Sie hatte es anscheinend ebenfalls nicht so eilig gehabt. Sex war für ihn früher wichtig gewesen. Wahre, innige Liebe war ihm nun weitaus wertvoller.

Marie ging zum Fenster und zog die Vorhänge zu. In Marc regte sich etwas. Sein Blut geriet in Wallung.

»Ich gehe kurz ins Bad«, sagte Marie und lächelte ihn an.

Marc war aufgeregt. Aufgeregt wie vor seiner ersten Nacht mit einer Frau. Es war nicht Marie gewesen. Es war eine gute Freundin. Doch das erste Mal war nicht schön. Eher verkrampft. Marie kam aus dem Bad.

»Ich gehe auch kurz ins Bad«, grinste Marc Marie an.

Als er zurückkam, lag Marie im Bett. Marc zog sich aus und legte sich zu ihr. Sie hatte sich ebenfalls ihrer Kleider entledigt. Obwohl es in Marc lichterloh brannte, ließ er sich Zeit und streichelte Marie zärtlich, wie sie es immer geliebt hatte. Sie liebten sich leidenschaftlich. Marie fühlte außer ihrer Leidenschaft auch Vertrautheit, als Marc in sie eindrang. Irgendwie war es wie vor Jahren und doch war es anders. Sie liebten sich, als wenn sie sich verzehren wollten. Als wenn es kein Morgen geben würde. Marc schaute Marie danach noch lange in die Augen. Sie war wunderschön. Sie war schöner als je zuvor. Marie fühlte nichts als Glück und war froh, dass sie beide hatten warten können. Hatten warten können, bis die Zeit und ihre Gefühle für diesen Tag reif waren. Das gesamte Universum schien ihnen mit der Freundlichkeit der Menschen, dem Ort, der Sonne und dem Zimmer genau das zu bestätigen. Manchmal ist Geduld angesagt, dachte Marie und schaute Marc an, der die Augen geschlossen hatte. Eine Träne rann über seine Wange.

Das Erste, was Marc fühlte, als er seine Augen wieder öffnete, war sein Arm, in dem Marie lag und der eingeschlafen war. Als er ihn behutsam wegziehen wollte, erwachte Marie und schaute ihm lächelnd in die Augen. Sie küssten sich. Marc stand auf und ging ins Bad. Danach schmiegte er sich wieder an Marie.

»Ich habe Hunger«, sagte sie und schaute auf die Uhr. »Kein Wunder, sieh mal, wie spät es ist.«

»Zehn nach sieben, so spät schon. Auch ich habe Hunger. Du weißt bestimmt, wo wir heute Abend essen gehen.«

»Darauf kannst du dich verlassen, mein Schatz. Wir gehen ins charmanteste, beste Restaurant Andalusiens.«

»Das glaube ich dir aufs Wort.«

»Und das Gute daran ist, dass es sich nicht weit von hier befindet. Es dauert allerdings noch, bis es öffnet. Zuvor können wir gerne einen Spaziergang machen. Und ich zeige dir ein wenig von meiner Lieblingsstadt.«

Marie gab ihm einen Kuss und stand auf. Marc sah sie an und war noch immer von ihrem reizvollen Körper fasziniert. Marie fühlte seinen Blick auf ihrer Haut.

»Guck nicht so«, alberte sie.

»Wer kann bei solch einer schönen Frau schon weggucken?«

Marie lachte und lief ins Bad. Nachdem sie sich kurz geduscht hatte, ging Marc ins Bad. Für den Abend brauchte sie keine warme Jacke, fiel Marie ein. Es war angenehm warm. Sie zogen sich an und verließen Händchen haltend ihr Zimmer. An der Rezeption strahlte sie Josés Frau an, die Marie und dann Marc in ihre Arme nahm.

Während ihres Spaziergangs brauchte Marc nicht lange, um sich ebenfalls in die Stadt zu verlieben.

»Ich hätte nicht gedacht, dass mir Cádiz so gut gefällt, Marie. Natürlich habe ich dir geglaubt, als du mir begeistert von deinem Urlaub erzählt hast. Aber es bedarf immer der realen Erfahrung, um sich ein eigenes Bild zu machen.«

»Das sehe ich auch so, Marc. Jemand kann von seinen Eindrücken, Begegnungen und Erlebnissen mit Menschen und Ländern erzählen. Doch wie es vor Ort riecht, wie die Farben auf einen wirken, die Menschen, das Licht, Pflanzen, das Meer usw., das kann einem niemand vermitteln.«

»Ich habe vor Kurzem in einem Artikel gelesen, dass dem Menschen zwar Wissen vermittelt werden kann. Weisheit jedoch nicht. Weisheit kann nur durch Erfahrung erlangt werden.«

»Den Satz finde ich klasse, Marc. Dazu fällt mir ein Satz von Gandhi ein, der gesagt haben soll, dass ein Gramm Praxis weit mehr wert ist als eintausend Kilogramm Theorie.«

»Ja, ein Politiker hat einmal gesagt, dass Wissen Macht sei. Sein Gegenüber hat ihm zu seiner Verwunderung geantwortet, dass Wissen als solches überhaupt nichts wert sei. Nur das Anwenden von Wissen bewirke und verändere etwas. Reines theoretisches Wissen im eigenen Kopf aufzubewahren, nutzt niemandem und bewirkt ganz einfach nichts.«

»Marc, wo hast du denn diesen klugen Satz her? So kenne ich dich überhaupt nicht.«

»Nach unserer Trennung war mir irgendwann danach, andere Sachen zu lesen. Das heißt, überhaupt mehr zu lesen. Du weißt, dass ich früher außer der Zeitung nichts gelesen habe.«

»Das finde ich erstaunlich, Marc. Vielleicht interessieren dich die Bücher, die ich in der letzten Zeit gelesen habe.«

»Mal sehen«, antwortete Marc und legte seinen Arm um ihre Schulter. Marie schaute auf die Uhr. »Zeit, essen zu gehen«, sagte sie. »Ich habe Hunger.«

»Ich auch.«

»Das da ist es«, sagte Marie, als sie wenige Meter vor dem Restaurant standen. Sie schienen gerade erst die Türen geöffnet zu haben.

»Es macht einen sympathischen Eindruck auf mich«, begeisterte sich Marc.

Als die zwei Kellnerinnen Marie sahen, kamen sie hinter dem Tresen hervor und auf sie zugestürmt. »Bienvenido! Marie! Como esta? Herzlich willkommen, Marie, wie geht es dir?« Sie drückten sie herzlich und gaben ihr mehrere Küsse auf die Wange.

»Hola! Hallo!«, begrüßte Marie sie freudestrahlend und zeigte auf Marc, der mit offenem Mund hinter ihr stand. »Mi marido, Marc. Mein Mann, Marc.«

Sie gingen zu Marc und gaben ihm einen Kuss auf die Wange. Als auch die Köchin Marie entdeckt hatte, kam sie aus der Küche und begrüßte sie und Marc ebenso herzlich. Sie setzten sich an die Bar. Marc überließ es Marie, den Rotwein zu bestellen. Sie hatte ihm in Deutschland so oft davon vorgeschwärmt, dass er sich sicher war, ihn auch zu mögen. Die Speisekarte brauchte Marie nicht. Sie bestellte den Fisch mit Salat.

Marc zeigte sich mit der Wahl einverstanden, wollte jedoch noch sehen, was sie an weiteren Speisen anzubieten hatten. Auf der Karte wurden überraschenderweise nicht viele Gerichte angeboten. Doch was sie servierten, war Spitzenklasse, hatte Marie ihm versichert. Während sie ihren Wein tranken und Brot dazu aßen, musste Marie an Carlos denken. Hoffentlich erscheint er nicht heute Abend, wünschte sie sich. Sie hatte ihren Wunsch gerade zu Ende gebracht, als Carlos fast zeitgleich mit ihrem Essen erschien.

Als er Marie sah, kam er gleich auf sie zu und küsste sie so euphorisch auf die Wangen, dass nicht nur ihr angst und bange wurde. Marc wollte schon eingreifen, als Marie ihm mit leichtem, aber klarem Kopfschütteln und einem Lächeln signalisierte, dass es keinen Grund zur Beunruhigung gebe. Marc war zwar anderer Ansicht, doch er vertraute Marie.

»Hallo, Carlos«, begrüßte sie ihn.

»Marie! Die Überraschung ist dir gelungen. Ich freue mich sehr, dass du wieder hier bist.«

»Ich auch. Das ist übrigens mein Mann Marc.«

Carlos sah sie erschrocken an, drehte den Kopf, sah Marc in die Augen und reichte ihm die Hand. »Ich bin Carlos.«

»Marc«, erwiderte er kurz und schüttelte die Hand Carlos‘, der kräftig zudrückte. Bewusst wahrscheinlich, dachte Marc. Vielleicht musste er seine Kräfte zeigen.

»Zwei Gläser Wein noch für die Herrschaften«, rief er einer der Kellnerinnen zu. Marie war das nicht recht. Sie wehrte sich allerdings nicht dagegen und begann mit dem Essen. Carlos stand zwischen Marie und Marc und schien sich nicht wirklich bewusst zu sein, dass er sie störte. Marc gefiel dieser Kerl überhaupt nicht. Irgendwann bat Marie Carlos höflich, sie doch bitte allein zu lassen. Carlos wandte sich daraufhin enttäuscht ab und begab sich an einen Tisch zu Gästen, die er, den Gesten nach zu urteilen, kannte.

Marie hatte Marc von Carlos erzählt. Auch das sie sich in einer nahe gelegenen Bar bei einem Glas Wein länger unterhalten hatten. Sie hatte ihm allerdings verschwiegen, dass Carlos ihr so etwas wie einen Heiratsantrag gemacht hatte. Es war schließlich kein seriöser Antrag gewesen, war Maries Ansicht. Halt so etwas Ähnliches. Sie war jedenfalls froh, als sie ihn am Tisch sitzen sah. Wegen Carlos konnten sie das Essen nicht wirklich genießen.

Die Freundlichkeit und das Lachen der Küchenchefin und des Personals ließen sie im Laufe des Abends selbst Carlos vergessen, der sich irgendwann flüchtig von ihnen verabschiedete und das Restaurant verließ.

»Ich hätte niemals gedacht, dass es Menschen gibt, die so viel lachen«, meinte Marc und schaute Marie an.

»Das hätte ich auch nicht vor meinem ersten Urlaub hier für möglich gehalten. An der Costa Brava sind mir vor Jahren die Freundlichkeit und Offenheit der Menschen aufgefallen. Doch freundlich und offen sind wir ja auch in Köln. Deshalb kam uns das möglicherweise nicht so ungewöhnlich vor.«

»Wenn ich darüber nachdenke, hat selbst in Köln die Freundlichkeit etwas nachgelassen. Glaubst du nicht auch, Marie?«

»Wahrscheinlich hast du recht, Marc. Es ist mir auch aufgefallen. Besonders auf der Arbeit. Laura hat mir aus ihrem Arbeitsleben erzählt. Einige jüngere Kolleginnen haben sie lange Zeit gemobbt und ihr den ohnehin schon anstrengenden Arbeitstag unnötig stressiger gemacht.«

»Das höre ich immer öfters. In den meisten Firmen scheint es nicht anders zu sein. Und weißt du, wie Laura damit umgegangen ist?«

Marie überlegte kurz. »Anfangs war sie wegen Überlastung in ärztlicher Behandlung. Ein verständnisvoller Arzt, der ihren Stress nachvollziehen konnte, hat sie hin und wieder krankgeschrieben, ihr Pausen gegönnt und Beruhigungsmittel verschrieben, ohne die sie wahrscheinlich irgendwann zusammengebrochen wäre. Nach den Pausen haben es ihre Kolleginnen und die stressige Arbeit abermals geschafft, dass sie wieder an ihre physischen und psychischen Grenzen kam.«

»Das ist wirklich furchtbar und traurig, Marie. Menschen wie Laura, die sowieso schon eine sehr schwere Arbeit verrichten, sollten Unterstützung erhalten und kein Mobbing. Hat ihr Chef denn nichts unternommen, um ihr zu helfen und sie zu unterstützen? Sie hat es ihm doch sicher gesagt.«

»Ja, das hat sie. Laura hat sich innerhalb vieler Jahre mit ihrer kompetenten Arbeit einen guten Ruf bei ihrem Arbeitgeber erworben. Deshalb ist sie zu einer Führungskraft aufgestiegen. Aber wie soll ein Chef jeden Augenblick die Zusammenarbeit seiner Mitarbeiter kontrollieren? Das ist ein Ding der Unmöglichkeit.«

»Und was hat sie letztendlich unternommen?«

»Marc, das ist schon wieder so eine unglaubliche Geschichte.«

Marc sah sie an und nahm einen Schluck aus seinem Weinglas. »In den letzten Wochen hast du mir einige solcher Geschichten erzählt. Leg schon los, die werde ich auch noch verkraften.«

Marc lachte. Die Kellnerinnen erwiderten das Lachen.

»Na gut, Marc. Ich erzähle es dir. Aber halte mich bitte nicht für verrückt.«

Marc beugte sich vor und gab ihr einen Kuss, den das gesamte Personal mit Applaus bedachte.

»Ein langjähriger Freund Lauras hat ihr gesagt, dass er ein sicheres Rezept habe, damit sie wieder in Ruhe arbeiten kann.«

»Ein sicheres Rezept gegen Mobbing? So etwas gibt es?«

Marie sah Marc in die Augen. »Liebe, Licht und Segen.«

»Was?«, wunderte sich Marc.

»Liebe, Licht und Segen«, wiederholte Marie.

Marc legte die Stirn in Falten. »Kannst du mir das näher erklären?«

Marie nahm ihr Glas, trank einen Schluck und fuhr fort: »Lauras Freund hat ihr geraten, dass sie, wenn sie an ihre Kolleginnen denkt und Wut und Ärger in ihr aufsteigen, die Worte denken oder leise vor sich hinsagen soll: ›Monika, Elisabeth‹, oder wie immer ihre Namen lauten, ›ich sende euch Liebe, Licht und ich segne euch‹.«

Marc schaute sie verwundert an und nahm einen tiefen Schluck aus seinem Glas.

»Marc, schau mich nicht so ungläubig an. Laura, die ich als starke, intelligente Frau kennengelernt habe, hat mir gesagt, dass es nach Monaten gewirkt hat. Irgendwann hat eine Kollegin gekündigt und die andere ist schwanger geworden und nie wieder in der Firma erschienen. Und somit haben sich einige ihrer Sorgen in Wohlwollen aufgelöst.«

»Marie, das kann doch alles nur Zufall gewesen sein. Mitarbeiter kündigen hin und wieder. Und weibliche Mitarbeiter werden auch schon mal schwanger. Das ist nichts Außergewöhnliches.«

»Da stimme ich dir voll und ganz zu, Marc. Das Prinzip dieser Art von Problemlösungen beruht darauf, dass derjenige, der ein Problem mit anderen hat, es auch lösen kann. Denn wenn er es nicht hätte, könnte er es auch nicht lösen. Und wahrscheinlich gibt es Gründe dafür, weshalb ein Mensch ein Problem mit einem bestimmten Kollegen, einem Partner, Elternteil oder Geschwister hat. Und ein anderer nicht.«

»Das macht irgendwie Sinn«, erwiderte Marc. »Doch das ist mir zu einfach.«

»Marc, schau mal. Wenn jemand ein Problem hat, welcher Art auch immer, hat er ebenso die Lösung in sich.«

Marc lachte. »Wir haben hier ein merkwürdiges Thema bei dem guten Essen und dem Wein. Aber ich finde es spannend.«

»Das freut mich, Marc. Außerdem hat dieser Freund gesagt: Wenn ich jemandem Liebe und Licht sende und ihn segne, dann kann derjenige ganz einfach kein Problem mehr auf mich projizieren.«

»Klingt ebenfalls nicht vollkommen unlogisch. Ich kann mir allerdings nicht vorstellen, dass ich, wenn mich jemand ärgert oder noch schlimmer: mobbt, ihm auch noch Liebe schicken soll. Manch einem würde eine Tracht Prügel besser bekommen.«

»Liebe heilt alles, Marc. Liebe ist die stärkste Macht auf dieser Erde. Die Lösung für was auch immer ist Liebe. Habe ich oft gelesen und ich glaube es.«

Marc bestellte noch einen Wein.

»Und Marc, es gibt noch weitere unglaubliche Geschichten, was das anbelangt. Eine Freundin Lauras, die als Leiterin auf einer Intensivstation in einem Krankenhaus arbeitet, hatte heftigste Probleme mit einem Oberarzt. Immer wenn sie an ihn dachte, hätte sie ihn am liebsten – du weißt schon.«

Marc nickte. »Hat sie aber nicht, wie ich hoffe.«

»Genau, hat sie nicht.« Marie lachte und fuhr fort: »Sie hat, auf Anweisung von Lauras Freund, dem Arzt Liebe und Licht geschickt und ihn gesegnet, obwohl sie es anfangs nicht für möglich hielt, dass sie überhaupt dazu in der Lage wäre, diese Worte auszusprechen oder sie nur zu denken. Morgens auf der Fahrt zum Krankenhaus hat sie es, wenn sie an den Arzt dachte, angewendet. Anfangs mit Widerwillen, später mit Überzeugung. Selbst wenn er während der Arbeit wieder versuchte, sie zu mobben oder zu kritisieren, hat sie ihn angesehen und gedacht: Ich sende dir Liebe, Licht und ich segne dich.«

Marc sah Marie an und dachte angestrengt nach. »Und wie ging es aus?«

»Zehn Monate nachdem Lauras Freundin die Worte ernsthaft angewendet hatte, kündigte der Arzt. Er war irgendwann nicht mehr da.«

»Marie, auch Ärzte kündigen schon mal ihren Job.«

»Marc, ich weiß, was du sagen willst. Doch ich glaube daran. Es gibt weitere vergleichbare Geschichten. Auch Lauras Freund hat die Methode des Öfteren angewendet.«

»In Ordnung, Marie, lass uns jetzt über etwas anderes reden. Es wird mir langsam zu viel. Obwohl auch ich an die Kraft der Liebe glaube.«

»Das freut mich, mein Lieber.«

Sie gab ihm einen Kuss, der von den Kellnerinnen abermals mit Applaus bedacht wurde. Marc mochte das Restaurant, das vorzügliche Essen und die Bedienung. Sie blieben lange an diesem Abend und gingen Arm in Arm zurück zu ihrem Hotel.

An den folgenden Tagen zeigte Marie Marc ihr Cádiz. Er brauchte nicht lange, um der Faszination der ältesten Stadt Europas zu erliegen. Den ganzen Tag über waren sie auf Entdeckungstour. Auch Marie entdeckte neue Seiten an Cádiz. Während ihres Januar-Urlaubs hatte sie natürlich nicht alles sehen können. Vor Sonnenuntergang saßen sie mit vielen anderen im Freien vor dem Restaurant und auch Marc konnte sich nicht daran erinnern, jemals ein sanfteres, wohltuenderes Licht gesehen zu haben. Es streichelt die Seele, hauchte Marie ihm ins Ohr. Besser hätte es niemand in Worte kleiden können.

Während ihrer Urlaubstage strickten sie an einer Idee, an einem Traum, einem fast vergessenen Lebenstraum. Einem Leben an der Küste des Lichts, in Andalusien. Das Wichtigste hierfür war, wie Marie betonte, ein Auskommen. Sie erzählte Marc von ihrer Überlegung, ein Printstudio einzurichten.

Nach vielen erfüllten Tagen des Glücks verabschiedeten sie sich von Cádiz, von José und dessen Frau und fuhren mit dem Zug nach

Sevilla, der Hauptstadt Andalusiens und der Wiege des Flamenco, um die dortigen zahlreichen Sehenswürdigkeiten zu entdecken. Auch Sevilla gefiel ihnen, obwohl Cádiz mehr Charme versprühte, wie Marie glaubte. Doch lohnenswert war ein Besuch Sevillas allemal, weil die Stadt wirklich viel zu bieten hatte. Auf eines jedoch freuten sie sich am meisten – auf ihr Zuhause. Auf ein gemeinsames Zuhause in Bachem.

Als sie im Flugzeug saßen, hatte Marie das Gefühl, sich endlich wieder auf dem wahren Weg nach Hause zu befinden. In ihr neues und altes Zuhause. Die Entscheidung, abzuwarten und nach dem Urlaub gemeinsam ins Haus zu gehen, war die richtige gewesen. Als sie Stunden später vom Flughafen, über den Kölner Hauptbahnhof mit der Bahn nach Frechen fuhren und sich von einem Taxifahrer nach Hause fahren ließen, kam es Marie so vor, als kämen sie aus einem langen Urlaub wieder nach Hause. Es war so, als wäre nie etwas anderes gewesen.

In den Folgetagen gingen Marc und Marie ihrer Arbeit nach. Ein alltäglicher Rhythmus bestimmte von nun an ihr Leben. Es schien ihnen an nichts zu fehlen. Ihr gemeinsames Glück war nahezu perfekt. Alles passte. Wenn da nicht ein Traum, eine Sehnsucht in ihnen immer wieder aufflammte. Und dieser Traum hatte einen Namen – Andalusien.

Marc und Marie hatten einen sicheren Job. Und demzufolge regelmäßige Einkommen. Der Kredit für das Haus wäre in sechs Jahren abbezahlt. Größere Schulden hatten sie nicht, weil sie sich nicht unbedingt teure Autos anschaffen mussten, keine Designerklamotten und auch keinen sonstigen Schnickschnack brauchten. Wenn sie jetzt nicht ihren Lebenstraum lebten, wann dann? Wenn sie in Rente gingen? Das waren Überlegungen, die sie im Laufe der nächsten Wochen und Monate beschäftigten.

Viele Deutsche und Menschen anderer Länder erfüllten sich ihren Lebenstraum. Sie waren nach Spanien, Portugal, Italien oder nach Übersee ausgewandert. Manch einer hatte sein Glück in der Ferne gefunden. Andere waren zurückgekehrt. Das war in Ordnung, weil sie zumindest ihre Träume gelebt und den Versuch unternommen hatten. Marie hätte sich niemals verziehen, irgendwann auf dem Sterbebett zu liegen und sich sagen zu müssen: »Hätte ich doch. Hätte ich mir doch meinen Lebenstraum erfüllt, als ich 40, 50, 55 oder 58 war.«

Menschen, die im hohen Alter auf ihr Leben zurückblickten, bereuten häufig, in jungen Jahren nicht dem Weg ihres Lebenstraums gefolgt zu sein. Auch bereuten sie oft, nicht mehr Zeit für ihre Freunde und die Familie aufgebracht und zu viel gearbeitet zu haben. Das wollten Marie und Marc nicht. Deshalb fassten sie einen Entschluss. Da sie in der glücklichen Lage waren, Ersparnisse auf den Konten zu haben, fragten sie bei ihren Arbeitgebern nach, ob sie ein Jahr von der Arbeit freigestellt werden könnten. Marc erhielt ein klares Ja, Marie nicht. Ihr Chef war der Meinung, sie sei unentbehrlich und müsse auf alle Fälle ersetzt werden. Er müsste jemanden einstellen, der natürlich eine gewisse Einarbeitungszeit benötigte. Denn Marie erledigte viele routinemäßige Arbeiten, die sie aufgrund jahrelanger Erfahrung schnell, effektiv und gewissenhaft ausführte. Ihr Chef war überhaupt nicht glücklich über Maries Anfrage und sagte ihr klar, dass sie kündigen müsse. Für ihre Idee, nach Andalusien auszuwandern, hatte er lediglich ein Schmunzeln übrig.

Marie und Marc sahen zwei Möglichkeiten, in Cádiz ihren Unterhalt zu sichern. Mit einer Boutique oder einem Printshop. Weil Marcs Englischkenntnisse ansprechend waren und er fest entschlossen war, intensiv Spanisch zu lernen, überlegte er, in der Tourismusbranche zu arbeiten. Es gab vielerlei Möglichkeiten. Unter anderem als Reiseführer in Andalusien für deutsch- oder englischsprachige Veranstalter.

In den folgenden Wochen recherchierten sie, sie kontaktierten Firmen, sprachen mit Freunden und Verwandten und legten sich letztendlich fest. Marc erhielt nach einem Vorstellungsgespräch die Möglichkeit einer Anstellung bei einer deutschen Touristikfirma in Sevilla. Und Marie bekam durch José, den Inhaber des Hotels Alquimia, einen Kontakt zu einer guten Freundin der Familie, die in Cádiz eine Boutique eröffnen wollte und nach einer Geschäftspartnerin Ausschau hielt. Diese Freundin Josés sprach ein wenig Deutsch und Englisch und wollte exklusive, qualitativ hochwertige Kleidung anbieten. Die Boutique hatte eine beachtliche Größe.

Da Marie ebenfalls fleißig Spanisch lernte, waren sie sich einig, es einfach zu wagen. Außer Maries Mutter waren alle von der Idee begeistert. Zumal Helen sich schon mit ihrer Familie auf einen Andalusien-Urlaub freute. Maries Chef war sauer, als er das Kündigungsschreiben aus der Hand seiner besten Mitarbeiterin erhielt. Er hatte mehrmals nachgefragt, ob sie sich über die Tragweite ihrer Entscheidung klar sei. Marc bekam die Zusage, seine Arbeit nach einem Jahr Freistellung wieder aufnehmen zu können, falls er es wolle. Das Haus in Frechen-Bachem wurde für ein Jahr vermietet, was zusätzliche Einnahmen garantierte. Zudem bedeutete es für beide eine Sicherheit.

Sie hatten sich den Monat März als Start ausgesucht. Der Frühling, zumal in Andalusien mit angenehmen Temperaturen verbunden, schien ein idealer Zeitpunkt für einen Neubeginn. Sie glaubten, alles gründlich vorbereitet zu haben. Hatten sie auch. Nur an eines hatten sie nicht gedacht – an Carlos. An die Hartnäckigkeit eines gekränkten und stolzen andalusischen Mannes, der immer bereit war, wie ein Stier zu kämpfen. Wenn sich ein Mann in Andalusien einmal in eine Frau verliebt hat, wird er alles dafür tun, ihr Herz zu erobern. Selbst wenn es eigentlich aussichtslos erscheint.

Marie und Marc bezogen eine schicke Zweizimmerwohnung im Zentrum von Cádiz, die sie für ein Jahr anmieteten. Mit der Option für weitere Jahre. Sie hatten für ihren Lebenstraum ein Jahr als Probezeit festgelegt. Das schien ihnen ideal. Die Wohnung war nicht weit von der Boutique entfernt. Marc hatte sich einen gebrauchten Kleinwagen gekauft, mit dem er schnell zu den Orten gelangte, an denen er als Fremdenführer eingesetzt wurde. Marc mochte seine Arbeit, weil er gerne mit Menschen zu tun hatte und zudem in einem sonnigen Land tätig war. Sein Gehalt betrug weniger als das in seinem Job zuvor, doch das war ihm nicht so wichtig. Die Lebenshaltungskosten in Andalusien waren geringer als in Deutschland.

Die Boutique von Marie und ihrer Geschäftspartnerin brauchte eine gewisse Anlaufzeit. Doch nach einigen Monaten hatten sie mehrere Stammkundinnen, die äußerst wertvoll für den Umsatz waren. Maries Partnerin kannte viele Leute in Cádiz. Ihre Familie lebte seit Generationen dort. Durch sie lernte Marie auch Einheimische kennen, die im Laufe der Zeit zu ihrem Freundeskreis zählten.

Leider bekamen sie einen Stammkunden, den Marie lieber nicht in ihrem Geschäft gesehen hätte. Carlos kam fast jeden Tag. Zufälligerweise, wie er immer wieder betonte, lag die Boutique genau auf dem Weg zu seinem Lieblingscafé. Carlos machte Marie schöne Augen und redete ohne Unterlass. Auch Maries Geschäftspartnerin, die Carlos seit vielen Jahren kannte, missfielen seine Auftritte. Andalusische Männer können einfach nicht lockerlassen und schon mal gar keine Niederlage wegstecken. Sie waren überdies leidenschaftliche Liebhaber mit dem Temperament des Südens.

Marc wollte mit Carlos reden. Marie fand den Vorschlag nicht gut, weil Carlos, wie sie annahm, nicht bereit wäre zuzuhören. Man kann mit niemandem reden, der nicht zuhören will. Ein Ding der Unmöglichkeit. Marie hatte Carlos unzählige Male gesagt, dass sie verheiratet sei und ihren Mann aufrichtig liebe. Und glücklich mit ihm sei. Sie wussten keinen Rat. Marie suchte Hilfe bei Helen und rief sie an.

»Hallo, meine liebe Schwester, wie geht es dir unter der Sonne Spaniens?«

»Uns geht es gut, Helen. Wenn nur dieser blöde Carlos nicht immer im Geschäft auftauchen würde. Der lässt nicht locker und nervt. Und nicht nur mich. Auch meine Geschäftspartnerin, die ihn schon länger kennt, fühlt sich dermaßen genervt, dass sie sich schon einige Male bei mir beschwert hat. Sie hat mir deutlich gesagt, dass sie so nicht weiterarbeiten könne. Auch einzelne Stammkunden würden sich unwohl fühlen, weil der Kerl ständig um mich herumschwirrt wie eine lästige Wespe.«

»Das tut mir leid, Marie. Verliebte Männer, wenn es nicht die eigenen sind, können lästig sein. Und wer kennt nicht das Sprichwort: Liebe macht blind.«

Marie lachte.

»Warum lachst du?«

»Mir fiel etwas anderes ein. Liebe macht blöd.«

Nun lachten sie beide.

»Bei manchen trifft das wohl zu, Marie.«

»Oh je, Helen, was habe ich nur verbrochen. Ich will doch nichts anderes, als in Ruhe mit Marc hier in unserem Wunschland leben. Ich weiß wirklich nicht mehr, was ich machen soll.«

»Das wird sich irgendwann von allein lösen, glaube ich. Spätestens wenn er sich in eine andere verliebt. Und wie läuft es sonst so? Wie fühlt es sich an, seinen Lebenstraum zu leben?«

Marie dachte nach.

»Bist du noch dran?«

»Ja, bin ich. Ich habe über deine Frage nachgedacht. Die meiste Zeit bin ich in der Boutique. Sechs Tage die Woche. In diesem Moment fällt mir ein, dass ich überhaupt nicht mehr zum Strand oder Sonnenuntergang gehe. Das stimmt mich ehrlich gesagt traurig. Und wenn Marc abends nach Hause kommt, sind wir beide übermüde, schauen uns irgendeinen Schwachsinn im Fernsehen an, bestellen meistens Essen aus einem nahe gelegenen Restaurant und sind auch noch zu geschafft, um uns zu lieben. Das kommt dann nur sonntags mal vor.«

»Marie, das hört sich nicht nach einem Traumleben an.«

»Da hast du vollkommen recht. Das wird mir jetzt erst im Gespräch mit dir so richtig bewusst. Außerdem ist es ungewohnt, in einem fremden Land, mit einer anderen Mentalität und Sprache zu leben. Häufig sehne ich mich nach dem Kölner Dom, unserer Muttersprache, meinen Freunden und am meistens vermisse ich dich und deine Familie.«

Helen fühlte mit ihrer Schwester. Eine kurze Pause entstand.

»Und wie geht es Marc?«

»Ähnlich wie mir. Anfangs fand er seinen neuen Job klasse. Arbeiten unter Spaniens Sonne mit fröhlichen Touristen, die in Urlaubsstimmung sind. Doch mit der Zeit gehen ihm die Urlauber auf die Nerven. Ständig die gleichen Fragen, manche sind angetrunken oder gar besoffen und die Erwartungen vieler an ihn sind oft unverschämt.«

»Und wie habt ihr euch eure Zukunft vorgestellt?«

»Natürlich haben wir darüber gesprochen, wieder nach Deutschland zurückzukehren. Wenn überhaupt, wäre das in zehn Monaten möglich. Du weißt, dass wir unser Haus ein weiteres Jahr vermietet haben und Marc die Zusage seiner Firma hat, auch nach drei Jahren Abwesenheit wieder dort arbeiten zu können.«

»Das finde ich ganz gut. Und wie sieht es mit dir und einer Arbeit aus, wenn ihr wieder in Deutschland leben würdet?«

»Das weiß ich eben nicht. Ich könnte meinen Chef fragen, ob er mich wieder einstellt. Er war allerdings wirklich sauer, als ich ihm die Kündigung gab. Ob er mir das jemals verzeiht, kann ich mit Gewissheit nicht sagen. Ich könnte mit ihm reden, wenn wir die Entscheidung treffen zurückzukommen.«

»Ich glaube, dass du bei deinem Chef gute Karten hast, zumal du seine beste Arbeitskraft warst.«

»Möglich, Helen. Und wie geht es dir, Hans und den Kindern?«

»Alles in Ordnung. Bis auf die üblichen kleinen Wehwehchen geht es allen gut.«

»Das freut mich. Und unseren Eltern, wie geht es denen?«

»Auch das Übliche. Mutter redet von nichts anderem als von eurer Auswanderung und wie sehr sie darunter leidet. Was ich nicht wirklich glaube. Aber du kennst sie ja.«

»Ja, und Vater, wie geht es ihm?«

»Man sieht ihm sein Alter an. Er bewegt sich langsamer, redet noch weniger und will einfach nur seine Ruhe haben. Manchmal schimpft er sogar mit Mutter, wenn sie zu viel jammert. Das hat er früher nie gemacht.«

»Ich finde es gut, dass er sich endlich mal bei ihr beschwert.«

»Marie, ich muss jetzt los und habe noch einiges zu erledigen. Bestelle Marc viele liebe Grüße.«

»Danke, Helen. Liebe Grüße an deine Familie. Mach's gut, tschüss.«

»Mach's besser, tschüss.«

Nach dem Gespräch mit Helen wurde Marie vollends bewusst, was sie wollte. Sie wollte wieder nach Hause. Zurück zum Kölner Dom, zurück zu ihrer Heimatsprache, zurück zum El Greco, ihrem Lieblingsrestaurant, und ihren Freunden. Zurück zum Kölsch, zum Schwarzbrot und dem Markt in Frechen. Zurück zu den Reibekuchen, zu ihrem Haus, das ihr wirkliches Zuhause war. Zurück mit Marc, dem Mann, den sie über alles liebte und mit dem sie den Rest ihres Lebens verbringen wollte.

An jenem Abend erzählte sie dem erschöpften Marc von ihren Überlegungen und dem Telefongespräch mit Helen. »Marie, wann immer du vorhast, die Zelte in Andalusien abzubrechen, so bin ich mit dir. Wenn ich ganz ehrlich zu mir selbst bin, so zieht es auch mich nach Hause.«

»Dann lass uns in den nächsten Tagen darüber reden, wie wir es am besten anstellen.«

»Gerne, Marie.« Marc gab ihr einen Kuss, nahm sie in seine Arme und drückte sie fest. »Nach Cádiz können wir zu jeder Zeit, wenn wir wollen.«

»Ja, du hast recht.«

»Ich gehe ins Bett«, sagte Marc. »Ich bin hundemüde.«

»Ich komme gleich nach, mein Lieber.«

An den folgenden Tagen schmiedeten sie Pläne, wie die Rückkehr nach Deutschland am besten zu bewerkstelligen wäre. Marie rief die derzeitigen Mieter ihres Bachemer Hauses an und teilte ihnen mit, dass sie es ab dem ersten März des nächsten Jahres wieder beziehen würden. Dann rief sie ihren Chef an.

»Hallo, Frau Krämer. Das ist ja eine Überraschung.«

»Guten Tag, Herr Keller. Ich habe eine Frage.«

»Fragen Sie nur, Frau Krämer.«

»Mein Mann und ich haben beschlossen, im März des nächsten Jahres wieder nach Deutschland zu kommen. Deshalb wollte ich Sie fragen, ob Sie eventuell Interesse hätten, mich wieder einzustellen.«

»Interesse, Frau Krämer, auf jeden Fall. Sie wissen, dass ich mit Ihrer Arbeit immer zufrieden war. Das Problem ist nur, dass wir derzeit im Layout bestens besetzt sind. Wenn jemand kündigt, würden wir Sie gerne wieder einstellen. Doch im Moment läuft hier alles ausgezeichnet.«

Schade, dachte Marie. »Danke, Herr Keller. Dann bestellen Sie bitte meinen ehemaligen Kollegen viele Grüße. Wenn Sie mich brauchen, so können Sie mich gern anrufen. Ich wünsche Ihnen noch einen schönen Tag.«

»Mache ich gern, Frau Krämer. Ihnen auch einen guten Tag.«

Marie war enttäuscht. Sie hatte sich berechtigte Hoffnungen gemacht. Doch was nicht war, das sollte dann auch nicht sein und hatte manchmal spezielle Gründe, das hatte sie gelernt. Sie war eine Fachkraft, die sicherlich andere Anstellungen finden würde. Obwohl sie mittlerweile über fünfzig war. Auf alle Fälle waren Marc und Marie fest entschlossen, nach Deutschland zurückzukehren.

Die Boutique lief mittlerweile ausgezeichnet, sodass sie seit Wochen eine Mitarbeiterin eingestellt hatten. Und ihre Partnerin wollte den Laden allein weiterführen. Sie würde sie ausbezahlen. Hinsichtlich des Geldes konnte sie sich Zeit mit der Arbeitssuche lassen. Ersparnisse waren noch vorhanden. Auch Marc machte sich keine größeren Sorgen.

Die Monate vergingen. Bald war wieder Weihnachten. Marie wollte Weihnachten nach Hause. So beschlossen sie, die Festtage in einem Hotel in Frechen zu verbringen. Marie wurde bewusst, dass es ihr erster Besuch in der Heimat war, seitdem sie den Schritt gewagt hatten, nach Andalusien zu gehen. Als sie über die Hasenweide an Omas Haus vorbeigingen, kamen ihr die Tränen. Von diesem Moment an hatte sie keinen größeren Wunsch, als wieder in Frechen-Bachem zu leben.

Marie wollte unbedingt arbeiten. Und Menschen, die arbeiten wollen, erhalten meistens auch eine Arbeit. Es war zwar nicht ihr Traumjob, jedoch bekam sie für Anfang April eine Teilzeitanstellung in einem Bekleidungshaus in der Frechener Innenstadt. Das reichte ihr fürs Erste, bis sie etwas anderes finden würde. Marc war ebenfalls glücklich über die Anstellung und fand es gut, dass Marie zu Fuß zur Arbeit gehen konnte. So war alles vorbereitet für einen Umzug in die alte Heimat im folgenden Jahr.

Als Carlos erfuhr, dass Marie wieder nach Deutschland gehen würde, gab er endlich Ruhe. Von diesem Moment an war er in der Boutique nicht mehr gesehen. Sein Lieblingscafé schien er ebenfalls gewechselt zu haben. Niemand konnte sich vorstellen, wie erleichtert alle waren. Verliebte Sturköpfe können einem den letzten Nerv rauben.

Während der Weihnachtsfeiertage genossen Marie und Marc, trotz Schnee und Regen, ihre alte Heimat und das Wiedersehen mit der Familie und Freunden. Mike stellte ihnen, wie fast jedes Jahr, seine neue Freundin und seinen neuen Sportwagen vor. Marie freute sich, in Zukunft wieder in der Nähe ihrer Schwester zu wohnen. Diese hatte sie am meisten vermisst.

Der Abschied drei Monate später von Cádiz, von Andalusien, von dem unvergleichlichen Licht der Costa de la Luz und ihren Freunden war schmerzhafter, als sie es sich vorgestellt hatten. Vieles, das sie lieb gewonnen hatten, gaben sie nun auf. Abschied bedeutet immer auch loslassen. Was wir hinter uns lassen, steht uns nicht mehr zur Verfügung. Nur noch in der Erinnerung. Sie ließen Sonne, Strand, Meer, Wärme und Freunde hinter sich. Der Mensch vermisst immer das, was er nicht hat. Was er hat, kann er schließlich nicht vermissen.

Während des Heimfluges nach Köln sprachen sie wenig miteinander. Zahlreiche Tränen waren beim Abschied auf das Kopfsteinpflaster von Cádiz geflossen. Marc hatte nicht oft in seinem Leben geweint. Am Grab seines Freundes und vor Jahren, als ihm klar wurde, dass Marie und er wieder zusammenleben würden, hatte er seine Tränen nicht zurückhalten können.

Marie und Marc schauten sich in die Augen, küssten sich und nahmen einander in die Arme, bevor sie ihr gemeinsames Haus betraten. Es hatte etwas von einem Neubeginn. Nachdem Marc die Heizungen in allen Zimmern aufgedreht hatte, packten sie das Nötigste aus ihren Koffern und hängten die Sachen in den Kleiderschrank.

»Mir ist nach einem ausgiebigen Essen«, grinste Marc, als sie fertig waren.

»Mir auch«, lachte Marie.

»El Greco?«, fragte Marc.

»El Greco! Klar, wohin denn sonst?«

Sie zogen ihre Jacken an und liefen voller Vorfreude in Richtung Innenstadt. Als sie die Tür zum Restaurant öffneten und eintraten, strahlten ihnen Maria und Saki hinter der Theke entgegen. Sekunden später lagen sie sich in den Armen.

»Wir haben schon gehört, dass ihr wieder zurückkommt«, sagte Saki.

»Wir sind glücklich, wieder hier zu sein«, antwortete Marie mit Tränen in den Augen.

»Das glaube ich«, erwiderte Saki. »Setzt euch erst mal hin. Was möchtet ihr trinken?«

»Ich nehme ein Glas von dem Roten«, meinte Marc.

»Ich ebenfalls. Und heute, zur Feier des Tages, darf es eine ganze Flasche sein«, rief Marie.

»Kommt sofort«, lachte Maria.

Kurze Zeit später erschien Maria mit zwei Gläsern und einer Flasche Wein.

»Hier, bitte, die Speisekarten bringe ich gleich.«

»Ich weiß schon, was ich bestelle«, rief Marie.

»Ich auch«, folgte Marc.

»Also, wie immer«, lachte Maria.

Sie fühlten sich wieder zu Hause. In besonderem Maße beschrieben Freunde ein Zuhause. Gute Freunde waren äußerst wertvoll für ein glückliches Leben. Mit ihnen konnte Glück und auch Leid gelebt werden. In schwierigen Zeiten waren sie besonders wichtig. Ohne die Gespräche mit ihren Freunden, zu denen natürlich Helen und Hans zählten, hätte Marie es während ihrer Depression weitaus schwerer gehabt. Ein Therapeut hätte ihr zwar helfen können, jedoch nicht vermocht, die Liebe ihrer Schwester sowie Hans' starke Schulter zu ersetzen. Die Liebe eines Menschen hat heilende Einflüsse.

Helen hatte ihr einmal gesagt, dass die Hand eines Freundes auf unserer Schulter oder unserem Arm viel gibt. Viel Trost und auch Liebe. Trost ist ein Teil der Liebe, die wir unseren Mitmenschen geben können. Helen hatte ihr auch gesagt, dass Menschen, die mit Handauflegen heilen, nichts anderes machen. Sie senden Liebe zu und in uns. Liebe zu unseren Zellen, zu unserem Herzen und zum gesamten Körper.

»Was ist los mit dir, Marie? Du hast Tränen in den Augen«, sagte Marc.

Marie erzählte ihm, was ihr durch den Kopf ging. Marc reichte ihr über den Tisch die Hand. Sie drückte sie fest. Tränen liefen über ihre Wangen.

»Danke, Marc. Ich bin so glücklich.«

»Ich auch, Marie. Doch höre jetzt bitte auf zu weinen, sonst fange ich auch noch an.«

»Versprochen«, lachte Marie.

Maria und Saki sahen, was vor sich ging, und schenkten ihnen ein Lächeln. Während Marie und Marc ihr Essen und den Wein genossen, erschien Marias und Sakis Sohn Ioannis mit einem Baby auf dem Arm und seiner wunderschönen Frau Christina. Lachend kamen sie an ihren Tisch. Marie und Marc standen auf und erwiderten das Strahlen des Babys, das die Schönheit der Mutter und des Vaters widerspiegelte.

Noch bevor Marie etwas sagen konnte, ergriff Ioannis das Wort: »Es ist ein Mädchen, am 17. Februar zur Welt gekommen und heißt Maria.«

Marie streichelte die Wange des kleinen Engels: »Das ist ein wunderschönes Baby.«

»Kein Wunder bei der Schönheit der Mutter und des Vaters«, lachte Marc und schaute die stolzen Eltern an.

»Das ist ja eine wundervolle Überraschung«, freute sich Marie und drückte Christina und Ioannis. »Ihr könnt euch nicht vorstellen, wie sehr ich mich für euch freue.«

Das Glück war allen anzusehen. Ein Baby brachte viel Liebe, Hoffnung und Freude in die Familie und gleichzeitig in die Welt. Denn alle, die das Neugeborene ansahen, strahlten auch. Liebe ist übertragbar und ansteckend. Marie und Marc blieben lange und verabschiedeten sich mit dem Versprechen, bald wiederzukommen.

Sie mussten noch einige Lebensmittel besorgen. Als Marc nach ihrem Einkauf im Supermarkt an der Kasse vor ihr stand, wurden Bilder in ihr wach. Als wenn es gestern gewesen wäre. Damals wollte sie wegrennen. Obwohl jener Tag der Start in ihr neues Glück war. Marie erzählte Marc von ihren Empfindungen auf dem Weg zur Innenstadt.

»Ja, ja«, antwortete Marc. »Das Leben ist nicht immer einfach mit Worten zu erklären. Eine Entscheidung kann alles verändern. In jedem Augenblick. Ein Ja kann unser Leben in eine andere Richtung lenken und ein Nein ebenso.«

»Marc, so habe ich dich noch nie sprechen hören. Ich sehe es auch so. Jederzeit treffen wir Entscheidungen. Kleinere und größere, bedeutende und unbedeutende. Kaufe ich jenes Brot oder dieses, esse ich heute Fisch oder Fleisch. Gehe ich ins Kino oder tanzen. Apropos tanzen, Marc. Wir könnten am Wochenende mal wieder tanzen gehen.«

»Gute Idee. Machen wir.« Sogleich erschienen Marc Bilder vor seinem inneren Auge. »Aber nicht nach Köln, wo dieser Uwe mit dir war.«

»Nein, da müssen wir nicht hin. Es gibt ja noch andere Tanzlokale.« Marie wusste, was er meinte.

Nachdem sie noch einige Besorgungen gemacht hatten, gingen sie froh gelaunt nach Hause. Marie räumte die frischen Lebensmittel in den leeren Kühlschrank und Marc die anderen Sachen in die Schränke. Danach begaben sie sich wie abgesprochen ins Schlafzimmer und liebten sich. Liebten sich, als wollten sie einiges nachholen. Sie verließen das Bett nur noch, um etwas Essbares aus der Küche oder Wein zu holen. Erst gegen Mittag des nächsten Tages trennten sie sich von dem warmen Bett.

Nach dem Frühstück fuhren sie zu Maries Eltern. Während Marc sich mit Maries Vater eine Politiksendung im Fernsehen anschaute, war Marie bei ihrer Mutter in der Küche.

»Ich habe dir ja gleich gesagt, dass es nicht funktioniert mit dem Auswandern, dass es nur verrückte Wunschträume sind und ihr wieder zurückkommt.«

»Mutter, es waren keine verrückten Wunschträume und es hat auch funktioniert. Marc und ich sind dankbar, dass wir die Erfahrung, im Ausland zu leben, machen durften. Auch wenn es nur drei Jahre waren. Doch die drei Jahre haben uns viel gegeben. Die Erlebnisse kann uns keiner mehr nehmen. Wir haben neue Freundschaften schließen können und eine Fremdsprache dazugelernt. Unser Spanisch ist nun recht gut.«

»Neue Freundschaften hättet ihr auch in Köln oder Frechen machen können, Marie. Und Fremdsprachen kann man in der Volkshochschule lernen.«

»Ja, Mutter. Hast du noch Kaffee?« Marie verdrehte die Augen.

»Gerne, Marie, hier. Möchtest du auch noch ein Stück Kuchen?«

»Nein. Danke, Mutter.«

Sie kann es einfach nicht lassen, dachte Marie.

Marc unterhielt sich währenddessen mit Maries Vater über Politik und Fußball. Der 1. FC Köln war wieder in die Bundesliga aufgestiegen, freute sich Maries Vater. Und die Renten würden auch erhöht.

Marie war froh, sich von ihrer Mutter befreit zu wissen, nachdem sie ihr Elternhaus verlassen hatten. Auf dem Weg in die Stadt sah Marc Marie mit einem sonderbaren Ausdruck in den Augen an, den Marie nicht zu deuten wusste.

»Was hältst du davon, wenn wir wieder heiraten, Marie?«

Marie schaute ihm tief in die Augen. »War das so etwas wie ein Heiratsantrag?«

»Du kannst es so nennen. Ja, es war ein Heiratsantrag.«

»Dein erster, beim Italiener, war romantischer.«

Sie lachten.

»Das stimmt, der zweite war eher spontan. Halt aus einem Gefühl heraus.«

»Einverstanden! Wir heiraten wieder. Schließlich gehören wir zusammen.«

Sie drückte Marc einen Kuss auf die Lippen.

»Ich liebe dich.«

»Ich liebe dich auch, Marie.«

Bis zu ihrer Scheidung waren sie 23 Jahre verheiratet gewesen. Die nächsten Tage vergnügten sie sich mit Planungen, wie und wo sie ein zweites Mal heiraten würden. Es sollte geheim stattfinden, an einem anderen Ort als Frechen und in einem möglichst kleinen Kreis. Der Zufall – oder war es mal wieder kein Zufall – wollte es, dass die Hochzeit in München stattfinden sollte. Der Einfall kam Marie, als sie erfuhr, dass Helen und Hans einen Kurzurlaub bei ihren Freunden in München planten.

Nachdem Marc mit dem zuständigen Standesamt den Termin festgelegt hatte, die benötigten Formulare organisiert und aufgefunden waren, stand ihrer zweiten Hochzeit nichts mehr im Wege. Zufälligerweise waren ihre Trauzeugen die gleichen wie bei ihrer ersten Hochzeit. Helen und Hans. Irgendwie war das alles mal wieder komisch, wie Marie sich oft ausdrückte. Helen war überzeugt, dass in solchen Fällen die universelle Intelligenz die Hände im Spiel hatte. Das war für Marie in Ordnung. Aber komisch war es trotzdem.

Zu den Hochzeitsgästen zählten auch Helens Kinder, denen jedoch vorab nichts von den Plänen erzählt wurde. Niemand außer Helen und Hans wusste von ihren neuerlichen Hochzeitsplänen. Maries Mutter durfte schon mal gar nichts davon erfahren. Erst danach.

Nun, bis zur Hochzeit waren es noch einige Monate. Marc und Marie gingen mittlerweile ihrer Arbeit nach und erfreuten sich des Lebens. Irgendwann kam Marie zu Ohren, dass in Frechen eine kleine Boutique in einer Seitenstraße eröffnet werden sollte und die Inhaberin Frau Engel eine Vollzeitkraft suche. Marie überlegte nicht lange, stellte sich vor und bekam den Job. Frau Engel war eine fleißige, kompetente Chefin, die großen Wert auf ihre elegante Erscheinung legte und von ihren Mitarbeitern Zuverlässigkeit und einen freundlichen Umgang mit den Kunden erwartete.

Weil sie sich in dem Bekleidungshaus, in dem sie gerade halbtags arbeitete, noch in der Probezeit befand, bedurfte es keiner langen Kündigungsfrist, sodass Marie bald in der Boutique anfing. Zusammen mit ihr arbeitete Frau Engels Schwägerin in Teilzeit. Sie war eine äußerst sympathische Frau, der noch im fortgeschrittenen Alter ihre Schönheit anzusehen war. Sie waren schnell beim Du. Käthe hieß sie, war stets guter Laune und schien sich als Lebensziel gesetzt zu haben, ihre Mitmenschen glücklich zu machen. Und sie liebte ebenfalls die Kölner Philosophie *»es kommt, wie es kommt«* und *»es ist noch immer gut gegangen«*.

Den folgenden Samstag saßen Marie und Marc in der S 7 nach Köln. Sie hatten sich ein Tanzlokal auf der anderen Rheinseite ausgesucht, das Marc kannte und das ihm gefiel. Marie hatte nicht nachfragen wollen, mit wem er dort gewesen war. Obwohl eine gewisse Vorfreude in ihr war, hatte sie ein komisches Gefühl. Marc hielt ihre Hand und freute sich auf ihren ersten Tanzabend seit langer Zeit.

Nachdem sie am Neumarkt umgestiegen waren, brauchten sie nicht mehr lange bis zu ihrem Ziel. Sie gingen in das Tanzlokal, das gut besucht, jedoch nicht überfüllt war. So fanden sie einen Tisch in einer Nische. Sie bestellten ihre Getränke bei der Kellnerin und begaben sich auf die Tanzfläche. Marie sah hin und wieder in Marcs Augen, der plötzlich etwas Unangenehmes entdeckt zu haben schien. Marie wandte erschrocken den Kopf – Uwe! O Gott, dachte sie. Marc löste sich von Marie und wollte auf ihn los. Im letzten Moment konnte sie ihn am Ärmel zurückhalten.

»Warte, Marc. Das bringt doch nichts. Lass ihn!«

»Marie, bitte!«

»Marc, er hat sich bei mir entschuldigt. Damit ist das Ganze für mich vergessen. Vergeben und vergessen. Verstehst du?«

Marc zögerte. »Ich möchte mich setzen.«

Sie gingen zum Tisch. »Marc, er hat sich entschuldigt. Irgendwann ist es an der Zeit, Vergangenes ruhen zu lassen. Du weißt doch – Vergebung führt zur Heilung. Verzeihung führt zu Frieden. Und das ist doch das, was wir wollen. In Frieden glücklich miteinander leben. Und uns nicht von anderen unsere gute Laune verderben lassen.«

Sie beugte sich zu ihm und küsste ihn.

»Du hast ja recht. Es war nur eine spontane Reaktion.«

»Und, Marc, ich werde jetzt eines nicht machen.«

»Und das wäre?«

»Ich möchte nicht wegen Uwe das Tanzlokal verlassen und mir den Abend verderben lassen. Ich will mit dir tanzen und glücklich sein.«

»Dann los, lass uns wieder auf die Tanzfläche gehen«, sagte Marc überzeugt.

Sie hatten die richtige Entscheidung getroffen und vergnügten sich weiterhin. Uwe, den sie noch einige Male sahen, war irgendwann nicht mehr da. Als Marie und Marc mit dem Taxi nach Hause fuhren, waren sie sich einig, richtig gehandelt zu haben.

Obwohl Marie zu ihrer Entscheidung stand, ihre Eltern und andere Freunde und Bekannte nicht in ihre Hochzeitspläne einzuweihen, war ihr doch ein wenig mulmig zumute, als sie sich auf der Autobahn auf dem Weg nach München befanden. Marc schien entspannt und voller Vorfreude.

Die Hochzeit wurde ein Fest. Ein kleines, aber glückliches Fest, das sie mit Helen, Hans und den Kindern in einem Restaurant im Englischen Garten ausgiebig feierten.

– Ende –

Die Geschichte endet hier. Doch wie immer in Manolos Büchern, lebt auch diese Geschichte weiter in Dir und in allem. Denn alles lebt ewig. Ich wünsche allen Lesern, ihren Familien und Freunden Liebe und Frieden in ihren Herzen.

Manolo Link

Danksagung

Ich danke Jean Callanan. Meinen Eltern, meinem Bruder Dieter, meinen geliebten Kindern Ramona und Markus.

Ich bedanke mich bei meiner Verlegerin Karina Pfolz vom Karina Verlag, Wien und Martin Urbanek, Autor, für ihr Vertrauen und unsere sehr gute Zusammenarbeit. Monika Thees für ihr wertvolles Lektorat, das ich sehr zu schätzen weiß.

Ich bedanke mich bei der wundervollen Familie und den Mitarbeitern von El Greco, in Frechen, bei Andrea und Andreas vom wunderbaR Konsum, Kerpen-Balkhausen und allen unseren Freunden.

Über den Autor:

Manolo Link, geboren 1955, in Frechen bei Köln, lebt als freier Schriftsteller in Kerpen, Rheinland und Dublin, Irland. Er hat eine Tochter und einen Sohn. Er ist Autor von »Philippe, »Insua«, »Ein neues Leben auf Bali«, »Maria Milena« und »Ein neues Leben auf dem Jakobsweg.«

In den letzten elf Jahren, seit seiner ersten Buchveröffentlichung, hat Manolo Link sich einen beachtlichen Ruf aufgebaut. Durch seine regelmäßige Medienpräsenz in Zeitungen, Magazinen, Radio und TV in Deutschland, Amerika, Irland, Schweiz, Österreich, Bali Indonesien und Spanien hat er seinen Leserkreis stets vergrößert.

Lesungen, Interviews und Präsentationen auf der Buchmesse in Leipzig, Frankfurt, Wien, Goethe-Institut und Trinity College in Dublin, haben seinen Bekanntheitsgrad weiter gesteigert.

Seine Erfahrungen auf dem Jakobsweg wurden in dem Buch von Stefan Albus „Jakobsweg - und dann?“, Gütersloher Verlagshaus, veröffentlicht. Er studierte Kreatives Schreiben bei Rüdiger Heins am INKAS Schreibinstitut, Bad Kreuznach.

Weitere Informationen über Manolo Link unter ...

Website: www.manololink.com
Facebook: Manolo Link, Author
Twitter: @manololink

Von Manolo Link
bei Karina Verlag, Wien bereits erschienen:

Ein neues Leben auf Bali -

Eine wahre Geschichte von Liebe, Mystik und Hoffnung

Kurzbeschreibung:

Nach Lebenskrisen fanden Gisela und Mano einander. Bali war oft Ziel ihrer Reisen. Doch die Insel der Götter sollte noch eine andere Bedeutung für sie bekommen. Schon als Gisela zum ersten Mal Bali betrat, hatte sie das Gefühl nach Hause zu kommen.

Dieses Buch wurde mit dem Preis BEST AUTHOR 2018 in Gold von Karina Verlag ausgezeichnet.

Ausgezeichnet mit

Das Buch kann auch als E-Book bezogen werden.

Philippe

Kurzbeschreibung:

Im mystischen Galicien, Nordspaniens, begegnet dem 8-jährigen Juan, Alfredo ein Geschichtenerzähler, der ihm die Geschichte von Philippe erzählt, der im 19. Jh. lebte und auf unerklärliche Weise Menschen heilte. Alfredo, der aus einer anderen Welt zu kommen scheint, entpuppt sich als weiser Mensch, der entscheidend dazu beiträgt, dass Juan Vertrauen zu sich, seiner spirituellen Intelligenz und seinem Leben entwickelt. Die Geschichte und Alfredo werden für Juan zum Lebensinhalt und belehren ihn auf wundersame Weise.

Das Buch kann auch als E-book bezogen werden.

INSUA

Eine magische Fabel vom Ende der Welt, die Herzen öffnet.

Kurzbeschreibung:

Philippe, ein junger Heiler, folgt der Stimme seines Herzens und zieht im Jahre 1855 von Pamplona nach Fisterra. Im Land seiner Ahnen werden ihm auf seinen Erkundungen Weisheiten vermittelt, die ihn noch intensiver an die Wunder des Lebens glauben lassen. In einer Höhle wird ihm offenbart, dass Fisterra vor Urzeiten eine Insel im Atlantik war, die von den Einheimischen heute noch INSUA genannt wird. Unzählige Fragen tun sich auf.

»Insua ist ein einzigartiges Buch, im dem Vorstellungen von einer friedlicheren Welt auf mystische Weise dem Leser vermittelt werden. Großartig, spannend und einfühlsam geschrieben.«

Martin Urbanek, Autor

Das Buch kann auch als E-book bestellt werden.

Karina Publishing
Vienna